2015

陕西职业教育发展报告

Shaanxi Vocational Education Development Report

■ 主　编　李冬玉

■ 副主编　李明富　胡建波

图书在版编目(CIP)数据

2015陕西职业教育发展报告/李冬玉主编.—西安:西安交通大学出版社,2017.4(2017.6重印)
ISBN 978-7-5605-9636-5

Ⅰ.①2… Ⅱ.①李… Ⅲ.①职业教育-发展-研究报告-陕西-2015 Ⅳ.①G719.2

中国版本图书馆CIP数据核字(2017)第077923号

书　　名 2015陕西职业教育发展报告
主　　编 李冬玉
副 主 编 李明富　胡建波
策划编辑 曹　昳
责任编辑 曹　昳　陈　昕

出版发行 西安交通大学出版社
(西安市兴庆南路10号　邮政编码710049)
网　　址 http://www.xjtupress.com
电　　话 (029)82668357　82667874(发行中心)
(029)82668315(总编办)
传　　真 (029)82668280
印　　刷 西安明瑞印务有限公司

开　　本 787mm×1092mm　1/16　**印张** 7.75　**字数** 118千字
版次印次 2017年5月第1版　2017年6月第2次印刷
书　　号 ISBN 978-7-5605-9636-5
定　　价 28.00元

读者购书、书店添货,如发现印装质量问题,请与本社发行中心联系、调换。
订购热线:(029)82665248　(029)82665249
投稿热线:(029)82669097　QQ:8377981
读者信箱:lg_book@163.com

编委会名单

序　言

中华职教，百年沧桑；筚路蓝缕，世纪辉煌。2017年5月6日，中华职业教育社将迎来建社100周年华诞，这是一个值得所有中华职教同仁铭记的日子。中华百年“老字号”的职教品牌，在人类历史的长河中不过是短暂的一瞬，但她的创立者黄炎培先生以及几代中华职教人，却用百年的艰辛与探索，努力实现着当年先贤们立社时的庄严使命：“使无业者有业，使有业者乐业”。

陕西省中华职业教育社自2014年6月以来，致力于陕西职业教育热点、难点问题的调查和研究，寻求破解瓶颈之路和改革发展良策。三年的研究课题涉及地方本科院校转型发展、现代学徒制试点、校企合作立法、工匠精神培育、“互联网+职业教育”等重点、难点问题；三年的研究过程也基本形成了课题申报、立项、结题的评审机制，院校团队的参与机制，人员经费的保障机制等。

进入新世纪以来，陕西职业教育事业取得了长足的进步。目前，现代职业教育规模稳健，体系初显；高等职业教育实力雄强，龙头引领；中等职业教育资源整合，调整发展；职业培训广泛开展，作用非凡。为此，我们欣慰职业教育在国家经济发展中的地位和作用日益凸显，其民生意义和社会价值愈来愈受到更多的关注。但我们也看到，影响制约陕西职业教育发展的问题还不少，特别是与经济转型发展的需要以及人民群众多样化的需求相比，还需强化顶层设计，整合资源优势，部门合作发力，院校社企联动，唯“追赶超越”是当务之急。为此，我社尽群团之责任、集调研之成果，编纂《2015陕西职业教育发展报告》一书。

这份年度报告的编辑出版是一个新的尝试，力图以第三方的视角描述、透视和研究陕西职业教育问题。本书以“2015陕西职业教育发展报告”为主线，以专题调研报告及案例为佐证，展现新世纪之后特别是“十二五”以来陕西职业教育改革发展的基本面貌和成就，提出了全面建设小康社会目标下陕西职业教育发展的形势、机遇和对策建议。

在本书即将出版之际，欣然为序，寄希望《2015陕西职业教育发展报告》成为省中华职业教育社奉献给我省职业教育事业的一份开创性文献，也是我社为纪念中华职业教育社建社100周年奉献的一份时代性礼物。

李冬玉

2017年2月20日

目录

第一部分　2015陕西职业教育发展报告

一、陕西职业教育发展概况

(一)陕西职业教育发展综述

据教育统计部门数据显示,到2015年底,陕西省中等职业学校288所,较上年减少19所。其中,普通中等专业学校40所,较上年减少5所;成人中等专业学校7所,较上年减少3所;职业高中(县级职教中心)241所,较上年减少11所。2015年,全省教育部门管理的中等职业学校招生106435人,比上年减少28864人,招生数占高中阶段教育招生总数的28.71%;在校生322341人,比上年减少54794人,在校生数占高中阶段教育总规模的28.60%;毕业生125060人,比上年减少35569人;教职工22000人,比上年减少2998人,其中,专任教师15906人,比上年减少1716人。据陕西省人社厅提供的统计数据显示,2015年全省登记在册的技工学校有147所,教职工8911人,其中开展招生的技工学校112所,招生总数42893人,在校生总数114526人,毕业生34076人。综合教育和人社部门的统计数据,到2015年底,全省各类中等职业学校(含普通中专、成人中专、职业高中、技工学校)共计400所,招生149328人,在校生总数436807人,毕业生159136人(见表1-1)。

表1-1　2015年陕西省各类中等职业学校基本情况一览表

类　别	学校/所	招生/人	在校生/人	毕业生/人
普通中专	40	22116	75228	31127
成人中专	7	255	3009	2248
职业高中	241	84064	244044	91685
技工学校	112	42893	114526	34076
合　计	400	149328	436807	159136

说明:表中数据源自《2015陕西教育事业统计年鉴》及人社部门提供的统计数据。

2015年底,全省独立设置的高等职业院校37所,其中,公办28所,民办9

所。2015年全日制高等职业教育(含普通本科院校及成人高校举办高等职业教育,下同)招生142250人,招生规模占当年普通高等教育招生总数的46.47%;在校生401218人,占当年普通高等教育在校生总数的36.48%;毕业生132482人,占高等教育毕业生的44.20%(见表1-2)。独立设置高职院校共有教职工20976人,其中,专任教师14456人。杨凌职业技术学院等11所高等职业技术学院规模在万人以上。2014年12月起,西安文理学院等14所地方普通本科高校转型发展试点工作启动。

表1-2　2014~2015年陕西省高等教育及高等职业教育招生和在校生情况比较

年度	普通高等教育招生/万人			普通高等教育在校生/万人		
	总数	高等职业教育	高等职业教育占高等教育招生比例/%	总数	高等职业教育	高等职业教育占高等教育在校生比例/%
2014	30.64	13.34	43.54	109.96	39.38	35.81
2015	30.61	14.23	46.47	109.97	40.12	36.48

说明:表中数据源自《2015陕西教育事业统计年鉴》。

作为职业教育的重要补充,各类培训机构面向城乡新增劳动力、下岗失业人员、退役士兵、返乡农民工开展就业、再就业技能培训。据教育部门统计,2015年全省共有各类职业技能培训机构8524个,教学班18688个,其中,职工技术培训学校(机构)90所,农村成人文化技术学校7659所,其他培训机构775所。全年开展各类培训1370252人,其中,职工技术培训学校(机构)培训结业123921人,农村成人文化技术学校培训结业991935人,其他社会培训机构培训结业254396人。按产业划分,面向第一产业培训488248人,面向第二产业培训244611人,面向第三产业培训637393人。据人社部门统计,2015年全省职业培训定点机构61家,开展各类技能培训107778人,其中失业人员培训771人,劳动预备制人员培训4781人,在职职工培训71108人,农村劳动力培训15437人,大学毕业生培训12016人。

(二)现代职业教育体系构建

1. 中等职业教育

(1)中等职业教育学校数量及分布情况

2014年12月,陕西省政府办公厅印发《关于优化整合中等职业教育资源的意见》,要求加大力度整合中等职业教育资源,优化布局结构。通过2015年、

2016年两年努力，到2016年底，全省中等职业学校设置数调整到300所(其中，教育部门管理的中等职业学校160所左右，技工院校140所左右)，2015年全省中等职业学校在大变革中，学校数量逐步调整减少，专业结构不断优化。据统计，2015年全省教育部门管理的中等职业学校总计288所，其中，普通中等专业学校40所，成人中等专业学校7所，职业高中241所，学校总数较上年减少19所。教育部门管理的中等职业学校按所在区域统计，西安市104所、宝鸡市31所、咸阳市31所、渭南市34所、铜川市6所、延安市16所、榆林市27所、汉中市13所、安康市15所、商洛市9所、杨凌示范区2所(见表1-3)。按照地区分布，西安市学校数占36.11%，其次是渭南占11.81%。按照每10万人口拥有的中等职业学校数量计算，全省每10万人口拥有中等职业学校0.77所。每10万人口拥有中等职业学校数量最高的是西安市，为1.23所，其次是杨凌为0.99所，宝鸡市为0.83所，榆林市0.81所，这4个市超出全省平均水平。每10万人口拥有中等职业学校数最低的是汉中市、商洛市，均为0.38所。2015年，人社部门撤并技工学校40所，18所技工学校转为职业技能培训机构，30所技工学校停止办学，保留技工学校161所，资源整合工作取得积极进展。

表1-3 2015年陕西省分地区中职学校(不含技工学校)数量统计

市区	人口/万人	普通中专/所	成人中专/所	职业高中/所	学校总数/所	每10万人口拥有学校数/所
陕西省	3732.72	40	7	241	288	0.77
西安市	846.78	20	4	80	104	1.23
宝鸡市	371.67	4	0	27	31	0.83
咸阳市	489.48	1	1	29	31	0.63
铜川市	83.44	0	1	5	6	0.72
渭南市	528.61	2	0	32	34	0.64
延安市	218.70	2	0	14	16	0.73
榆林市	335.14	7	0	20	27	0.81
汉中市	341.62	3	1	9	13	0.38
安康市	262.99	0	0	15	15	0.57
商洛市	234.17	0	0	9	9	0.38
杨凌示范区	20.12	1	0	1	2	0.99

说明：表中数据源自《2015陕西教育事业统计年鉴》。

2015 年,陕西省创建国家级中等职业教育改革发展示范学校进入验收阶段。全省完成 34 所国家级示范校立项任务,第一批、第二批立项的 21 所学校中有 19 所通过国家验收,第三批立项建设的 13 所继续推进建设。至此,全省三批共计立项建设国家级中等职业教育改革发展示范学校 34 所。按照所属部门分,34 所国家级中等职业教育改革发展示范学校中,教育部门所属 22 所,人社部门管理 12 所。按区域分布统计,西安 13 所,宝鸡 4 所,咸阳 4 所,渭南 2 所,铜川 1 所,延安 1 所,榆林 3 所,汉中 2 所,安康 2 所,商洛 2 所。

(2)中等职业学校专业及学生规模情况

受全省初中毕业生人数持续减少影响,2015 年 400 所中等职业学校共计招生 149328 人,在校生 436807 人,毕业生 159136 人,每 10 万人口中接受中等职业教育的学生有 1170.21 人。2015 年全省中等职业学校招生数占整个高中阶段教育招生总数的 36.09%,在校生占整个高中阶段教育在校生总数的 35.17%(见表 1-4)。

表 1-4 陕西省高中阶段教育招生及在校生变化情况

年度	高中阶段教育招生/万人			高中阶段教育在校生/万人		
	总数	中等职业教育	中职占比/%	总数	中等职业教育	中职占比/%
2010	68.89	35.08	50.92	185.60	89.99	48.49
2011	65.05	31.44	48.33	181.59	84.67	46.63
2012	56.86	24.99	43.95	166.58	72.43	43.48
2013	51.35	21.41	41.69	150.48	60.54	40.23
2014	45.69	17.71	38.76	135.35	50.25	37.13
2015	41.36	14.93	36.09	124.18	43.68	35.17

说明:表中数据源自《2015 陕西教育事业统计年鉴》及技工学校统计数据。

从全省教育部门管理的中等职业学校在校生规模分地市情况看,西安市在校生规模最大,占到总规模的 26.84%,其次是咸阳和宝鸡,规模最小的是铜川市,仅有 1324 人,仅占总规模的 0.41%。而从每 10 万人口接受中等职业教育的人数分析,西安、宝鸡、咸阳、延安、杨凌 5 市区超过全国平均水平,表明这 5 个市区职业教育培养能力较强。培养能力最弱的是铜川市,每 10 万人口中接受中等职业教育的人数仅有 158.68 人(见表 1-5)。

表 1-5 陕西省中等职业学校(不含技工学校)分地市规模统计

市区	人口/万人	招生/人		在校生/人	每10万人口接受中职教育人数/人	毕业生/人
		计划	其中:五年制高职教育中职段			
西安市	846.78	24620	4405	86519	1021.74	33542
宝鸡市	371.67	16772	1334	50417	1356.49	15862
咸阳市	489.48	18508	1734	51010	1042.13	19772
铜川市	83.44	464	408	1324	158.68	959
渭南市	528.61	9544	725	24013	454.27	10335
延安市	218.70	6216	—	21078	963.79	9628
榆林市	335.14	5634	—	18193	542.85	11052
汉中市	341.62	8696	1007	24063	704.38	8837
安康市	262.99	8553	596	22030	837.67	7277
商洛市	234.17	6130	375	19613	837.55	6833
杨凌区	20.12	1298	—	4081	2028.33	963
合计	3732.72	106435	10584	322341	863.56	125060

说明:表中数据源自《2015 陕西教育事业统计年鉴》。

横向与全国中等职业学校(不含技工学校,下同)统计数据进行比较,2015年陕西省中等职业学校招生绝对数列全国第 19 位,居西部 12 省份第 5 位,列四川、广西、贵州、云南、重庆之后;在校生数居全国第 19 位,在西部地区位次与招生位次相同。陕西省每 10 万人口接受中等职业教育人数为 861.6 人,低于全国平均水平 981.3 人,列四川、广西、贵州、云南、重庆 5 省(市、区)之后(见表 1-6)。尤其是陕西高中阶段普通高中与中等职业学校在校生规模占比低于 37.59%的全国平均水平 2.42 个百分点,同样也在西部排名靠后,反映陕西在统筹高中阶段教育方面需要加大工作力度,强化政策引导,切实落实国家关于高中阶段两类教育大体相当的目标要求。

表 1-6 2015 年陕西省中等职业教育规模比较

省份	总人口/万人	中职招生/万人	中职在校生/万人	中职在校生占高中阶段比例/%	每 10 万人口接受中职教育人数/人
陕西	3763.7	14.93	43.68	35.17	861.6
四川	8107	40.08	98.75	40.17	1218.1
广西	5282	25.69	73.64	45.96	1394.2

续表 1－6

省份	总人口/万人	中职招生/万人	中职在校生/万人	中职在校生占高中阶段比例/%	每10万人口接受中职教育人数/人
贵州	3502.2	22.81	60.24	38.09	1720.2
云南	4333	17.56	48.42	38.22	1117.5
重庆	2970	11.90	32.80	34.48	1104.4
全国	136072	479.82	1335.24	37.59	981.3

说明：表中数据源自《2015陕西教育事业统计年鉴》。

中等职业教育专业方面，从近年来全省职业教育院校人才培养规模统计分析看，2015年中等职业教育在校生规模列前三位的依次是信息技术类专业、加工制造类专业和医药卫生类专业，分别占到总规模的18.45%、15.79%和12.69%（见表1－7）。

表1－7　2015年陕西省中等职业学校分专业大类在校生情况

专业大类	本专业在校生/人	本专业在校生所占比例/%	本专业规模排名情况
农林牧渔类	26256	8.15	6
资源环境类	1287	0.39	17
能源与新能源类	1891	0.59	15
土木水利类	8065	2.50	11
加工制造类	50928	15.79	2
石油化工类	4449	1.38	12
纺织食品类	1441	0.45	16
交通运输类	37898	11.76	4
信息技术类	59479	18.45	1
医药卫生类	40933	12.69	3
休闲保健类	2379	0.74	14
财经商贸类	10580	3.28	9
旅游服务类	13444	4.17	8
文化艺术类	15584	4.83	7
体育与健身类	2723	0.84	13
教育类学前教育等	34346	10.66	5
司法服务类	845	0.26	19
公共管理与服务类	862	0.27	18
其　他	8951	2.78	10
合　计	322341	100.00	—

说明：表中数据源自《2015陕西教育事业统计年鉴》，未含技工学校。

(3)毕业生就业情况

2015 年全省教育部门管理的中等职业学校毕业生共计 125060 人。根据各地统计汇总的 99746 名毕业生的就业情况分析，当年实现就业 96741 人，就业率为 96.99%，其中，对口就业率为 54.08%。毕业生就业去向如表 1－8 所示。

表 1－8　2015 年陕西省中等职业学校毕业生就业分布统计表

<table>
<tr><th rowspan="2">毕业学生/人</th><th rowspan="2">就业学生/人</th><th rowspan="2">就业率/%</th><th rowspan="2">对口就业率/%</th><th colspan="2">就业学生中就业去向分组(一)</th><th colspan="2">就业学生中就业去向分组(二)</th><th colspan="2">就业学生中就业去向分组(三)</th></tr>
<tr><th>去向</th><th>占比/%</th><th>去向</th><th>占比/%</th><th>去向</th><th>占比/%</th></tr>
<tr><td rowspan="4">99746</td><td rowspan="4">96741</td><td rowspan="4">99.69</td><td rowspan="4">54.08</td><td>企事业单位</td><td>63.54</td><td>第一产业</td><td>14.53</td><td>本地</td><td>62.51</td></tr>
<tr><td>合法从事个体经营</td><td>15.47</td><td>第二产业</td><td>31.38</td><td>异地</td><td>22.31</td></tr>
<tr><td>其他方式</td><td>5.99</td><td>第三产业</td><td>39.08</td><td>境外</td><td>0.18</td></tr>
<tr><td>升入高一级学校</td><td colspan="5">15</td></tr>
</table>

说明：数据源自《陕西省中等职业学校毕业生就业统计报告》。

①从就业去向看，到企事业单位就业的毕业生占就业人数的 63.54%，合法从事个体企业经营的毕业生占就业人数的 15.47%，升入高一级学校的毕业生占就业人数的 15%，其他方式就业占 5.99%。

②从就业产业分布情况看，从事第一产业的毕业生占就业人数的 14.53%，从事第二产业的毕业生占就业人数的 31.38%，从事第三产业的毕业生占就业人数的 39.08%。而从另外一项调查分析，毕业生中 64.24%的学生在城区就业，14.07%的毕业生在镇区就业，在乡村就业的毕业生仅占 6.69%。这反映了中职毕业生绝大多数离开农村转移就业。

③从就业区域看，在本省就业的毕业生占就业人数的 62.51%，到异地就业的毕业生占就业人数的 22.31%，到境外就业的毕业生占就业人数的 0.18%。从就业地域分布情况看，随着陕西省经济和工业的发展，在陕就业已是毕业生的主要选择地域。

④从对口就业情况看，如表1-9所示，对口就业率最高的是公共管理与服务类专业毕业生，为86.23%；其次，信息技术类、医药卫生类和加工制造类专业毕业生的就业率也比较高，均在70%左右；而对口就业率比较低的是教育类和休闲保健类专业的毕业生，均未达到20%。

表1-9　2015年陕西省中职毕业生分专业对口就业统计表

专业类别	毕业生数	就业人数	对口就业		专业类别	毕业生数	就业人数	对口就业	
			人数	就业率/%				人数	就业率/%
农林牧渔类	8953	8795	4039	45.92	休闲保健类	2007	1849	328	17.74
资源环境类	1475	1317	736	55.88	财经商贸类	6106	5948	3611	60.71
能源与新能源类	2995	2827	1469	51.96	旅游服务类	4284	4126	2912	70.57
土木水利类	5125	4967	1215	24.46	文化艺术类	2171	2013	1003	49.83
加工制造类	14713	14522	10039	69.12	体育与健身类	896	737	209	28.36
石油化工类	2207	2050	1036	50.54	教育类	8497	8339	1417	16.99
纺织食品类	1224	1066	611	57.32	司法服务类	377	259	99	38.22
交通运输类	6803	6645	3655	55.00	公共管理与服务类	1189	1031	889	86.23
信息技术类	10642	10484	8024	76.54	其　他	7382	7224	1963	27.17
医药卫生类	12700	12542	9061	72.25	合　计	99746	96741	52316	54.08

说明：数据源自《陕西省中等职业学校毕业生就业统计报告》。

2015年，全省技工学校毕业生共34076人，就业31967人，毕业生就业率为93.81%。

2. 高等职业教育

(1)高等职业院校情况

高等职业教育规模整体趋稳。2015年底，陕西省独立设置的高等职业院校共37所，基本形成了多元化的高职教育办学体制架构。其中，隶属省教育厅的有12所，占总数的32.43%；行业与其他部门举办高职院校5所，占总数的13.51%；市属高职院校11所，占总数的29.73%；民办高职院校9所，占总数的24.32%。

陕西省先后有6所高职院校跻身国家示范(骨干)高职院校建设行列，占总数的16.21%。自国家实施示范性院校建设以来，陕西省自2008年始，启动实施

了“省示范性高等职业院校建设计划”，先后立项建设省级示范性高职院校12所，占全省高职院校数的32.43%。经过示范院校建设，全省高等职业教育现已形成了以国家示范性骨干高职院校为引领、省级示范高职院校为支撑、各类高等职业院校协调发展的良好格局。

(2)高等职业教育专业及学生规模情况

根据《陕西教育事业统计年鉴》数据显示，2015年，陕西省普通高校高等职业教育招生专业大类涵盖19个大类139680人，在校生393869人；成人高校高等职业教育招生涉及10个专业大类2570人，在校生7349人。分学校类型、分专业大类学生情况如表1-10所示。

表1-10 2015年陕西省高等职业教育分专业情况统计

项目 专业	普通高等职业教育/人		成人高等职业教育/人		合计/人	
	招生数	在校生数	招生数	在校生数	招生数	在校生数
农林牧渔类	1220	3249	—	—	1220	3249
交通运输类	15311	40317	915	2254	16226	42571
生化与药品类	2314	6995	—	—	2314	6995
资源开发与测绘类	1782	6555	—	—	1782	6555
材料与能源类	1412	4483	137	413	1549	4896
土建类	12125	47130	544	1898	12669	49028
水利类	1106	3496	—	—	1106	3496
制造类	18831	49669	465	1304	19296	50973
电子信息类	8894	22605	46	133	8940	22738
环保气象与安全类	117	436	21	50	138	486
轻纺食品类	625	2076	—	—	625	2076
财经类	29193	82454	162	453	29355	82907
医药卫生类	26119	68682	—	—	26119	68682
旅游类	2604	6881	14	52	2618	6933
公共事业类	900	2461	61	178	961	2639
文化教育类	11921	32534	205	614	12126	33148
艺术设计传媒类	3308	9026	—	—	3308	9026
公安类	107	107	—	—	107	107
法律类	1791	4713	—	—	1791	4713
合计	139680	393869	2570	7349	142250	401218

说明：表中数据源自《2015陕西教育事业统计年鉴》。

从表 1－10 统计分析，2015 年普通高等职业教育在校生规模较大的专业依次为财经类、医药卫生类、制造类、土建类和交通运输类，招生规模最大的专业依次为财经类、医药卫生类、制造类、交通运输类和土建类。

据《陕西省高等职业教育质量年度报告（2016）》，2015 年，全省高职院校共开设高职专业 1418 个，校均专业数 38 个，专业在校生平均约 275 人。其中，独立设置的高职院校共有 948 个专业招生（不含专业方向）。

（3）毕业生就业情况

2015 年陕西省高职（专科）毕业生 137260 人，主要涉及财经类、医药卫生类、土建类、制造类、交通运输类、文化教育类等专业大类 279 个高职（专科）专业（见表 1－11）。截至 2015 年 7 月 15 日，毕业生已就业 119396 人，毕业生一次性就业率为 86.99%（见表 1－12）。在 279 个高职（专科）专业中有 22 个就业率达到 100%，有 6 个专业就业率低于 60%。

表 1－11　2015 年高职（专科）毕业生分专业统计表

专业分类	人数	比例/%	专业分类	人数	比例/%
财经类	28433	20.71	旅游类	2599	1.89
医药卫生类	23287	16.97	材料与能源类	2244	1.63
土建类	18625	13.57	法律类	1705	1.24
制造类	15714	11.45	水利类	1101	0.80
交通运输类	13529	9.86	轻纺食品类	966	0.70
文化教育类	10466	7.62	农林牧渔类	848	0.62
电子信息类	7637	5.56	公共事业类	734	0.53
资源开发与测绘类	3177	2.31	环保、气象与安全类	275	0.20
艺术设计传媒类	3172	2.31	公安类	50	0.04
生化与药品类	2698	1.97			

说明：表中数据源自《陕西省 2015 年高校毕业生就业报告》。

表 1－12　2015 年高职（专科）毕业生专业分类就业率统计表

专业分类	毕业生人数	已就业	就业率/%
材料与能源类	2244	2089	93.09
财经类	28433	26283	92.44
电子信息类	7637	6909	90.47
法律类	1705	1478	86.69

续表 1－12

专业分类	毕业生人数	已就业	就业率/%
公安类	50	50	100.00
公共事业类	734	685	93.32
环保、气象与安全类	275	266	96.73
交通运输类	13529	12550	92.76
旅游类	2599	2405	92.54
农林牧渔类	848	823	97.05
轻纺食品类	966	847	87.68
生化与药品类	2698	2483	92.03
水利类	1101	1076	97.73
土建类	18625	16583	89.04
文化教育类	10466	9475	90.53
医药卫生类	23287	14980	64.33
艺术设计传媒类	3172	2800	88.27
制造类	15714	14834	94.40
资源开发与测绘类	3177	2780	87.50
合计	137260	119396	86.99

说明：表中数据源自《陕西省 2015 年高校毕业生就业报告》。

①从就业流向看，到其他企业就业的最多，有 74296 人，占已就业高职（专科）毕业生的 62.23%（下同）；到国有企业的有 20058 人，占 16.80%；到医疗卫生单位的有 7270 人，占 6.09%。

②按就业去向统计，到东部地区就业的有 12389 人，占已就业高职（专科）毕业生总数的 10.38%；到中部地区就业的有 6123 人，占 5.13%；到西部地区就业的有 95495 人，占 79.98%；其中在陕西省内就业的有 85715 人，占 71.79%。

③从就业行业统计，2015 年已就业高职（专科）毕业生中就业行业前四位分别是制造业（16813 人，占 14.08%），建筑业（15513 人，占 12.99%），交通运输、仓储和邮政业（11680 人，占 9.78%），卫生和社会工作（11161 人，占 9.35%）。

3. 职业培训

（1）成人继续教育培训

2015 年职业技能培训工作进一步发展，科技、教育、人社、农业、扶贫、文化、卫生等部门都结合各自的工作性质和职能开展了形式多样的培训活动。仅从教育系统培训统计数据分析，面向一产培训结业 488248 人，占 35.63%；面向二产培训 244611 人，占 17.85%；面向三产培训 637393 人，占 46.52%。如果按培训周期看，培训期一个月以内的有 709437 人，占 51.77%；一至三个月的有 249961 人，占 18.24%；培训期三个月至半年的有 251466 人，占 18.35%；培训期半年至一年的有 100863 人，占 7.37%；培训期一年以上的有 58525 人，占 4.27%。

2015 年依托各职业院校和教育机构，成人继续教育广泛开展。全省接受各种非学历高等教育的学生有 185816 人次，比上年增加 15341 人次，当年已结业 170980 人次，比上年增加 1223 人次；接受各种非学历中等教育的学生有 57179 人次，当年已结业 142974 人次，继续教育呈现多样化特点。

(2)社区教育

到 2015 年底，全省建成国家级社区教育示范区 3 个，分别为西安市碑林区、宝鸡市金台区、渭滨区。另有 5 个全国社区教育实验区，其中，西安市 4 个，分别为西安市莲湖区、新城区、未央区、雁塔区。另外，宝鸡市陈仓区也进入国家级实验区。

省级层面建成社区教育示范区 24 个，建设县区级社区教育中心(社区教育学院)32 个，街道乡镇社区学校 417 个，平均每个实验区(示范区)有 13.03 个社区学校，区县居(村)教学点(学校)3742 个，平均每个实验区(示范区)区县有 116.9 个教学点，每个街道乡镇 8.97 个。据 32 个社区教育实验区(示范区)数据显示，共有社区教育专兼职教师 5440 人，其中属于教育编制的有 2099 人，非教育编制 2074 人，无编制 1267 人。据统计，8 个国家级社区教育实验区(示范区)年教育培训总人次达 430 万，基本覆盖了各区 80%的人群。宝鸡市渭滨区社区教育学院和全区社区学校、镇村成技校重点围绕全市、全区主导产业和支柱增收项目，实施“春风行动”和“温暖工程”，开展烹饪、服装、建筑、物流、物业管理、果树栽培、家政服务等下岗职工就业培训 1000 余期 15 万人次。西安市未央区组建了职业培训集团，以失地农民、城镇下岗失业人员、进城务工人员为重点，推行“培训一人、考证一人、推荐就业一人”的运作模式，形成了培训、鉴定、职介、就业“四位一体”的培训就业机制。确定 7 个培训基地，开设了书法、武术、叉车、瑜伽、电气焊、西点烘焙、小吃制作、钢琴、手工丝网花、水兵舞及烹饪等一系列培训课程。

(三)职业院校办学条件

1. 基础能力建设

2008 年起,省政府在实施“民生八大工程”项目中,每年安排 2.25 亿元专项资金支持职业教育基础能力建设。8 年来,省财政安排专项资金 19 亿元,支持建设省级示范性中职 57 所,建成中职学校专业性实训基地 82 个,示范专业 306 个;高职院校建成重点实训基地 105 个、重点专业 254 个。全省职业院校办学条件有了显著改善。2015 年省财政安排 1.95 亿元继续加强职业教育基础能力建设。全省中等职业教育建设示范专业 39 个、示范性职业教育集团 6 个、专业性实训基地 10 个、中等职业学校基础设施改造项目 10 个、现代农业职业教育发展工程示范县 10 个;高等职业教育支持专业综合改革项目 15 个,建设专业性实训基地 5 个。

在加强职业教育专项投入的同时,省财政建立完善职业教育经费保障体系,2012 年秋季学期起,实施了高等职业院校生均经费拨款制度,标准为每生每年 9000 元,经费实行分级承担,省属高等职业院校由省财政承担,市属高等职业院校由市级财政承担。此措施起步较早且实施标准额走在了全国前面。

据《陕西教育事业统计年鉴》,2015 年,全省中等职业学校(不含技工学校,下同)生均占地面积 40.36 m^2(学校产权),生均建筑面积 19.86 m^2,生均图书藏量 30.51 册,生均拥有教学用计算机 0.19 台,生均教学仪器设备 0.47 万元。经过“十一五”“十二五”的连续建设,全省中等职业学校校园校舍、教学设施大为改善,各项指标均在 2010 年的基础上发生了较大变化(见表 1-13)。对照 2015 年各项指标看,生均校园占地面积、生均图书拥有量、生均计算机拥有量、生均教学仪器设备值均高出国家标准,生均校舍建筑面积与国家标准仅有微弱差距,反映了我省在实施“民生八大工程”职业教育项目和职业教育基础能力提升工程方面的显著成效。

表 1-13 陕西省中等职业学校基本办学条件比较

年份 \ 项目	生均校园占地面积/m^2	生均建筑面积/m^2	生均图书藏量/册	生均计算机拥有量/台	生均教学仪器设备值/万元
2010 年	24.67	10.16	15.69	0.12	0.17
2015 年	40.36	19.86	30.51	0.19	0.47
国家标准	33	20	30	0.15	0.30

说明:表中数据源自 2010 年、2015 年《陕西教育事业统计年鉴》。

高等职业院校办学条件近年来发展变化较大，特别是自2008年实施“民生八大工程”职业教育项目以来，省财政每年安排5000万元专项经费用于支持各市职业技术学院建设专业性实训基地，连续支持5年，10所市属高等职业院校每所仅省级财政安排的专业性实训基地建设项目资金就达2500万元，使各市职业技术学院的人才培养能力显著提升。另外，省政府陆续对高等职业院校的债务进行了化解，并从2012年秋季学期起建立了生均拨款标准，高等职业教育办学经费不足的问题基本得到解决，办学条件不断改善（见表1-14）。

表1-14　2015年陕西省高等职业院校办学资源总量

项目 年份及生均	校园占地面积/m^2	总建筑面积/m^2	教学行政用房总面积/m^2	学生宿舍总面积/m^2	纸质图书藏量/册	教学用计算机总数/台	教学科研仪器设备资产总值/万元
2015年	17290790.85	8880611.32	4866503.65	2315657.49	19545100	57006	267100.38
生均	44.12	22.78	12.3	5.94	49.7	0.15	6786

说明：数据源自《陕西省高等职业教育质量年度报告（2016）》。

2. 信息化水平

据统计，2015年全省中等职业学校拥有网络信息点35267个，其中，无线接入5709个，上网课程1632门，数字资源拥有量260621.43 GB，其中电子图书59515.94 GB，接受过信息技术相关培训的专任教师3085人，占专任教师的19.39%，信息化工作人员1701人，校均5.91人。2015年全省普通高校拥有网络信息点932951个，其中，无线接入55190个，上网课程11485门，电子邮件系统用户545781个，管理信息系统数据总量763005.60 GB，数字资源拥有量6884333.61 GB，其中电子图书3244077.99 GB，信息化培训38404人次，信息化工作人员1524人。数字化教学资源在高等职业院校广泛应用。

（四）职业院校师资队伍建设

1. 教师队伍数量和结构

据《陕西教育事业统计年鉴》，2015年，全省中等职业学校教职工总数22000人，其中，专任教师15906人，占教职工总数的72.3%，生师比为20.26∶1，基本达到国家要求。专任教师中，本科以上学历13634人，占专任教师的85.72%，教师学历合格率较2010年提高11.1个百分点（见表1-15、表1-16）。

表 1-15 陕西省中等职业学校(未含技工学校)师资队伍结构变化情况统计表

年度	当年授课专任教师/人				具有研究生学历的教师		具有高级职称教师		兼职教师/人
	总数	文化课教师	专业课教师	双师型教师	人数	比例/%	人数	比例/%	
2010	20786	9108	8100	3578	689	3.1	3595	17.3	4308
2014	17425	7281	10144	4000	1046	5.94	3571	20.3	2882
2015	17526	6798	8928	3488	834	5.30	3068	19.51	2187

说明:数据源自《陕西教育事业统计年鉴》。

表 1-16 陕西省中等职业学校师资队伍素质变化情况

师资水平 \ 年度	2010 年	2014 年	2015 年
生师比	30.26∶1	21.4∶1	20.26∶1
学历合格率/%	74.62	84.35	85.72
双师型教师占专任教师比例/%	17.13	22.96	21.93

说明:数据源自《陕西教育事业统计年鉴》。

据人社部门统计,2015 年,全省技工学校共有教职工 8911 人,其中大学本科及以上学历 4740 人,技师和高级技师 1419 人。教职工中专任教师 7397 人,其中,文化技术理论课教师 3740 人,占专任教师的 50.56%;生产实习指导教师 2079 人,占专任教师的 28.11%;一体化教师 1578 人,占专任教师的 21.33%。另有兼职教师 1617 人,其中,文化技术理论课兼职教师 1050 人,生产实习指导教师 530 人,从事其他工作兼职教师 37 人。

高等职业院校教师队伍建设普遍得到重视和加强。结合区域产业结构调整和优化升级的需求,在满足提升专业服务产业发展能力建设需求的基础上,2014 年陕西省制定了高等职业学校教师素质与教学能力提高规划,以进一步加快建设能适应新时期职业教育改革和发展需要的高等职业教育教师队伍。2014 年落实骨干教师国家培训计划 337 人,省级骨干教师培训工作全面开展。组织"陕西高校教学管理人员能力提升"系列培训,37 所高职院校近 400 名教学管理人员参加。通过开展国家、省级、校级三级系列培训,全面提高教学管理人员管理专业化、精细化、科学化水平。

加强高职院校与企业联系合作,采取培训、引进、聘用、调动等多种形式,建立科学合理的工作量考评和薪酬补助机制,提高具有实践经验的专业技术人才和高技能人才担任兼职教师的比例，全力推进师资队伍建设。2015 年陕西省独立设置的高职院校教师中，专任教师有 13646 人，占教职工总数的 70.08%。其中，具有副高以上技术职称的有 3642 人，占专任教师的 26.69%；具有中级技术职称的有 5408 人，占专任教师的 39.63%；初级及以下职称的占 33.68%。专任教师中，具有双师素质的教师有 5394 人，占专任教师的 39.53%。具体情况如表 1-17、表 1-18 所示。

表 1-17　2015 年陕西省独立设置的高职院校教职工基本情况统计

教职工总数/人	专任教师/人						教辅及管理服务人员/人			
	总数	正高	副高	中级	初级	未定职级	总数	行政人员	教辅人员	工勤人员
18932	13646	543	3099	5408	3558	1038	5286	2359	1573	1354

说明：数据源自《2015 陕西教育事业统计年鉴》。

表 1-18　2015 年陕西省高职院校师资队伍整体情况

院校分类	教师总数	校内专任教师		校内兼课教师		校外兼职教师		校外兼课教师	
		人数	比例/%	人数	比例/%	人数	比例/%	人数	比例/%
国家示范(骨干)	5846	2997	51.26	391	6.68	1981	33.88	477	8.18
省级示范	4805	2980	62.01	460	9.57	1028	21.39	337	7.03
其他	9996	6407	64.1	597	5.97	2094	20.95	898	8.98
公办	15968	9737	60.98	1345	8.42	3514	22.00	1372	8.6
民办	4679	2647	56.57	103	2.20	1589	33.96	340	7.72
合计	20647	12384	59.98	1448	7.01	5103	24.72	1712	8.29

说明：数据源自《陕西省高等职业教育质量年度报告(2016)》。

2. 教师队伍培养培训

为加强和规范省级师资培训工作，2008 年 5 月陕西省教育厅成立了“陕西省中等职业学校师资队伍建设项目管理办公室”，专门负责全省中等职业学校专业骨干教师培训项目的管理工作。同时，依靠省内高等院校，加快省级师资培训基地建设和培训教学团队建设，2009 年 9 月省教育厅批准建立西安交通大学等 8 个省级中等职业学校师资培训基地。省上根据各师资培训基地的实际情况，给予各基地相应的建设经费支持，8 个基地中已经有 4 个基地成为国家级师资培训基地。

自 2006 年以来，省财政累计投入专项资金 8000 多万元，用于实施中等职业

学校教师素质提高计划。2015 年全省中等职业学校实际完成各层次培训 16489 人次。其中,境外培训 4 人,占 0.02%;国家级培训 414 人次,占 2.51%;省级培训 1041 人次,占 6.31%;地市级培训 3726 人次,占 22.59%;县级培训 3795 人次,占 23.02%;校本级培训 7509 人次,占 45.54%。培训情况如表 1-19 所示。

表 1-19　2015 年陕西省中等职业学校专任教师培训情况统计表

类别 / 层次	按培训时间分/人次					按培训对象分/人次		
	一个月内	一至三个月	三个月至半年	半年至一年	一年以上	文化课教师	专业课教师	实习指导教师
境外	—	—	—	4	—	—	—	4
国家级	118	132	126	36	2	89	280	45
省级	605	284	108	26	18	321	624	96
地市级	3228	376	98	7	17	1033	2621	72
县级	3182	461	20	5	127	1783	1776	236
校本级	6728	492	72	48	169	3500	3684	325
合计	13861	1745	424	126	333	6726	8985	778

说明:表中数据源自《2015 陕西教育事业统计年鉴》。

2015 年,高等职业教育完成骨干教师国家级培训计划 344 人,省级骨干教师培训工作全面开展,举办陕西高校教师名师风采讲堂 21 场,近 5000 名教师参加,实现全省高职院校全覆盖。

(五)职业教育校企合作

1. 职业教育集团化办学

陕西职业教育集团化办学起步于 2006 年 9 月,2008 年 4 月首批由相关中等专业学校牵头组建的 5 个职业教育集团在西安宣告成立。2010 年陕西省教育厅承担了国家教育体制改革"探索职业教育集团化办学"试点项目,试点周期三年。到 2015 年,全省先后组建成立陕西电子、化工、现代服务、装备制造、交通物流、现代农业、国防工业、现代护理、城镇建设等 25 个行业性、区域性职业教育集团(见表 1-20)。目前 25 个职教集团覆盖主要产业领域,吸纳职业院校、行业协会、企业和科研机构 1157 个,中高职在校生 59.6 万人。2015 年,职教集团可共享的实习实训设备资产总值达 1012145.5 万元,职教集团企业对学校实训基地建设的资金投入总数达 8191.5 万元。校企行联合建设的行业技能培训规范有 20 个,特色教材 500 余种。集团内企业接受教师企业实践的总数达 17426 人次,集团内学校为企业培训职工总数达 201427 人次。职教集团开展订单培养总人数达 7.4 万人,集团内企业接受集团学校 6.8 万毕业生就业。各职教集团与企业联合开展生产技术攻关项目 392 项。

表 1-20 陕西省职业教育集团基本情况统计表

序号	集团名称	集团成员单位						
		学校/所		行业协会/个	企业/个	科研机构/个	其他/个	小计/个
		中职	高职					
1	陕西电子职教集团	26	3	2	12	1	0	45
2	陕西化工职教集团	31	0	3	22	1	1	58
3	陕西机电职教集团	20	1	2	21	2	2	48
4	陕西经贸职教集团	17	0	4	25	1	1	48
5	陕西现代服务职业教育集团	17	2	5	30	1	0	55
6	陕西装备制造业职教集团	6	5	1	16	4	0	32
7	陕西交通物流职业教育集团	8	2	1	20	2	7	40
8	陕西航空职业教育集团	5	8	0	19	5	0	37
9	陕西建筑建材职业教育集团	16	0	1	35	2	0	54
10	杨凌现代农业职教集团	10	9	0	54	1	0	74
11	西安旅游职业教育集团	15	1	2	32	0	0	50
12	西安轨道交通职业教育集团	1	2	4	13	0	0	20
13	西安软件服务外包职教集团	1	15	13	29	0	0	58
14	西安动漫职业教育集团	10	2	1	15	1	0	29
15	神木能源化工职业教育集团	14	1	3	5	2	0	25
16	渭南服装职业教育集团	8	0	0	12	9	0	29
17	陕西现代护理职业教育集团	15	2	2	9	0	4	32
18	陕西国防工业职业教育集团	7	6	3	44	6	2	68
19	安康职业教育集团	15	2	2	24	2	3	48
20	咸阳职业教育集团	1	13	0	52	0	9	75
21	陕西铁路建筑职业教育集团	13	6	2	17	3	0	41
22	宝鸡职业教育集团	2	12	3	29	2	2	42
23	延安职业教育集团	16	13	5	42	4	0	80
24	渭南职业教育集团	6	8	9	40	2	4	69
25	陕西城镇建设职业教育集团	280	113	68	617	51	35	1157

2. 校企合作办学及现代学徒制试点

中等职业学校加大订单培养，实行校企合作办学。全省各中等职业学校中，60%以上的学生是订单培养的学生，80%的专业与企业建立合作共建关系。高职院校合作企业覆盖专业比例达到59.04%，校企共同开发课程704门次，共同开发教材556本次，为企业技术服务收入超过1.2亿元，为社会及企业培训员工38万人次。

在推进职业教育集团化办学的同时，一批职业院校积极探索校企共同招生、合作培养人才的现代学徒制试点。陕西省电子工业学校现代学徒制试点成果获得国家职业教育教学改革成果二等奖。陕西工业职业技术学院、陕西交通职业技术学院和陕西省电子工业学校列为国家首批现代学徒制试点单位，现代学徒制试点工作正在全面展开。

(六)农村职业教育发展

1. 县域职业教育资源的整合

2010年教育部印发《中等职业学校设置标准》之后，陕西省教育厅以开展中等职业学校达标验收为抓手，启动中等职业教育资源整合工作。2014年底，陕西省政府办公厅印发《关于优化整合中等职业教育资源的实施意见》，就全省教育部门管理的中等职业学校提出了整合资源的原则意见、目标任务和政策措施，要求用两年时间，到2016年底，采取撤并、共建、划转、转型等形式，有计划、分阶段将全省中等职业学校数量由目前的567所调减到300所左右(其中，技工院校140所左右)，逐步建立并形成统筹有力、管理有序、布局合理，资源优化，适应经济社会与产业发展需要的职业教育新格局。

资源整合工作的一项重要任务是市级政府推动、县级政府负责，整合县域职业教育资源。按照“渠道不变，用途不变，统筹安排，各计其功”的原则，统筹教育、人社、农业、扶贫等有关部门的培训项目及资金，集中到县级职业教育中心统筹组织实施，统筹管理和使用。经过一年多的艰苦工作，到2015年底，全省教育部门管理的中等职业学校缩减到288所。

2. 县级职业教育中心的发展

县级职业教育中心是中等职业教育的主体，肩负着推动农村职业教育改革发展的重任。2008年省政府启动实施的“民生八大工程”职业教育项目，专门安排了县级职业教育中心建设项目，并给予相应的经费支持。2012年，陕西省教育厅印发《关于确定陕西省重点支持建设的县级职业教育中心及专业规划的通知》(陕教职〔2012〕33号),2013年,又印发《关于支持重点建设的县级职业教育中心的若干意见》(陕教职〔2013〕29号),明确了重点支持建设的51所县级职业教育中心规划及政策措施,要求每个县原则上只保留1所中等职业学校,中、省财政项目重点支持51所县级职业教育中心建设,未纳入重点建设规划的其余56个县区职业教育中心调整办学定位,逐步退出职业学历教育,以实施短期职业技能培训为主。2015年各市县政府落实省政府文件精神,制定了优化整合中等职业教育资源的实施意见和方案,通过达标验收等手段,对30所中等职业学校提出限期整改要求,停止24所中等职业学校的招生。

作为县域农民教育培训龙头的县级职业教育中心,2015年大力调整办学定位,在办好学历教育的同时,把更多的精力、人力和物力转移到开展农民技能培训上来,广泛开展了各种形式的农民实用技术培训。许多地方的县级职业教育中心已成为当地农民实用技术培训的主阵地。礼泉县按照“政府统筹,部门合作,职校实施”的思路,打破条块分割,冲破部门藩篱,将县委党校、县行政学校、就业培训中心、农广校、卫生学校,以及党群、政法、人社、农林水果、科教文卫等多个部门的职业教育培训资源、任务整合到县职业教育中心实施“三统一”的模式,即统一培训计划、统一组织实施、统一培训资源,实行“一个领导机构、一个阵地、一个牌子、一个培训计划、一个财务账户”,实现了职业培训资源的有效整合。2015年县级职业教育中心培训各类技术人员和农民5.33万人。眉县不断完善职成教育网络体系,构建起了以县职教中心为龙头、乡镇成人文化技术学校为骨干、村级成人文化技术学校为基础、村民小组为辐射点的县域职成教育培训网络,立足服务眉县猕猴桃主导产业,把培训班办到镇、村两级成技校,解决了职教中心和成技校两张皮的问题。据统计,2015年全省9781所乡、村成人文化技术学校参与农民实用技术培训,共计培训农民95.08万人。

3. 农民教育培训

以实施“人人技能工程”和“现代农业职业教育发展工程”为重点,大力开展农民教育培训。

(1)实施“人人技能工程”,开展全覆盖的职业教育和技能培训

从2007年开始实施“人人技能工程”,面向城乡所有未升学初、高中毕业生开展全口径、广覆盖的职业教育和技能培训。省政府每年统筹安排2亿元专项资金,重点支持农村职业学校的专业建设、师资培训和学生学费、生活费补贴。8年来,省财政共投入项目资金19亿元,其中仅县级职业教育中心专业建设就投

入专项资金4.2亿元，推出了一批紧贴市场需求和农村生产实际的新专业，有效增强了农村职业教育的针对性和吸引力。2015年，全省中等职业学校涉农专业在校生26256人，占中职在校生总数的8.15%，规模居各专业大类第6位。农村、农业类职业学校规模和效益明显提升。同时，依托涉农职业学校、县级职业教育中心和乡镇成人文化技术学校，积极实施短期技能培训，培训了一大批"离土不离乡"的新型农民。2015年，全省教育系统培训农村新增劳动力4.9万人。各级成人文化技术学校开展农民实用技术培训99.19万人次。

(2)实施"现代农业职业教育发展工程"，培育新型职业农民

2010年，陕西省开创性地提出了建设现代农业职业教育发展工程示范县的新举措，省教育厅、省农业厅、省财政厅联合印发了《陕西省现代农业职业教育发展工程实施方案》，提出用3～5年时间，全省建设30个现代农业职业教育发展工程示范县的目标。2011年，省教育厅印发了《关于开展陕西省现代农业职业教育发展工程示范县的通知》，制定了建设评估标准，明确了建设要求。到2014年底，省财政累计安排专项资金3100万元支持建设现代农业职业教育发展工程示范县30个，依托这批示范县，承担新型职业农民培育工程，2015年全省教育系统培育新型职业农民1580人。靖边县、眉县、澄城县创建国家级农村职业教育和成人教育示范县通过省级评估，至此，全省已有7个县区通过国家和省级评估。

(七)职业教育人才培养质量

1. 技能竞赛

加强实践教学和学生动手能力培养，广泛开展校、市、省、国家四级职业院校学生技能竞赛活动。全省中、高等职业院校普遍开展省级技能大赛，并参加全国职业院校学生技能大赛。2015年陕西高职院校在国赛中共获奖67项，其中一等奖8项、二等奖13项、三等奖46项(见表1-21)，获奖数量和等次均大幅提升。同时，荣获2015年全国职业院校学生技术技能创新成果交流赛优秀组织奖。全省中等职业学校在全国职业院校学生技能大赛中职组比赛中，获得35个奖项，其中，一等奖2项、二等奖16项、三等奖17项(见表1-21)。在第十二届全国中等职业学校学生"文明风采"大赛上，千阳县职业教育中心等6所学校获得优秀组织奖；在10个大类竞赛中，陕西省中等职业学校共获得一等奖3项、二等奖18项、三等奖25项、优秀奖194项。

表 1－21　2015 年陕西省参加全国职业院校技能大赛获奖情况

奖项	一等奖	二等奖	三等奖	合计
高职院校	8	13	46	67
中职学校	2	16	17	35

2. 课程建设

在中等职业学校，落实教育部《中等职业学校专业教学标准（试行）》。省级教育科研机构牵头，有关职业学校参与，依照《中等职业学校专业教学标准（试行）》并充分考虑陕西产业发展需求，研制出台了《陕西省中等职业学校专业教学指导方案（试行）》，涉及电子信息技术、汽车运用与维修、机电技术应用、畜牧兽医等 12 个专业，对于指导学校人才培养模式改革和专业课程建设起到了积极作用。

高等职业院校把精品课程建设纳入学校内涵建设、质量提升的重要内容中，省财政安排专项资金予以重点支持。2015 年，全省各高职院校立项开展专业综合改革试点项目 40 个，引入职业资格标准，修订完善人才培养规格标准，校企共同构建工学结合的人才培养标准和专业课程标准。

3. 毕业生就业质量

从 2015 年陕西省中等职业学校 82229 名直接就业的学生中，对其就业合同、起薪情况和社会保险情况，以及就业满意度调查分析后，中职毕业生具体的就业质量情况如表 1－22 所示。

表 1－22　陕西省 2015 年中等职业学校毕业生就业质量统计表

就业合同/%			起薪情况/%				社保情况/%		就业满意度/%		
未签合同	一至三年合同	三年及以上	平均起薪/(元/月)	1000 元及以下	1001～3000 元	3000 元以上	没有社保	享有三险一金或五险一金	无法评估	不满意	满意
14.09	74.13	11.77	2760	1.13	89.25	9.62	46.92	53.08	4.17	3.39	92.44

说明：数据源自《2015 年陕西省中等职业学校毕业生就业报告》。

可以看出，中等职业学校毕业生就业整体上有保障，但稳定性不高，三年及以上合同签订率只有 11.77%；中职毕业生平均工资水平在 2760 元左右，社会保障不高，接近一半的毕业生就业没有社会保障；但从就业满意度来看，92.44%的毕业生对就业比较满意，表明中职毕业生对自身的就业期望不高。

高等职业院校毕业生技能证书获取率达到80.86%，中高级技能证书获取率为63.34%，顶岗实习应届毕业生达到75440人，企业录用顶岗实习毕业生比例为58.18%，毕业生就业质量明显提高。从2015年已就业高职毕业生的就业行业来看，居前四位的分别是制造业16813人，占14.08%；建筑业15513人，占12.99%；交通运输、仓储和邮政业11680人，占9.78%；卫生和社会工作11161人，占9.35%。这一数据表明高等职业教育毕业生适应陕西主导产业能力明显增强。从工作职位看，居前四位的分别是其他专业技术人员17878人，占14.97%；办事人员和有关人员17763人，占14.88%；工程技术人员16612人，占13.91%；其他人员16507人，占13.83%。这一数据表明陕西高等职业院校毕业生具有生产技术岗位所需要的能力素质，能够适应技术技能岗位的需要。

根据陕西省高等职业教育质量年度报告数据平台统计，2015年高职院校毕业生选择在本省市就业的毕业生比例为69.27%，体现服务地方经济发展的能力显著增强。同时，据统计，2015年高职院校毕业生半年后平均月收入为2700元。其中，资源开发与测绘类专业毕业生收入最高，约为3500元；其后依次为材料与能源类(3200元)、交通运输类(3100元)等；毕业后半年月收入最低的是医药卫生类(2150元左右)。

二、影响和制约陕西职业教育发展的主要问题分析

(一)社会对职业教育的偏见依然存在

“重学历、轻技能”的社会偏见依然存在，技术技能人才社会地位偏低，学生及家长接受职业教育的意愿不高。从学生家长的角度来看，“学而优则仕”的传统观念根深蒂固，他们认为孩子上职校低人一等，读书就是为了上大学，让孩子上职校成了“无奈”的选择。从企业的角度来看，不少企业经营者，特别是中小企业主认为，“教育就是教育，工厂就是工厂，扯不到一块去”，企业和学校联系不够紧密，企业的重要主体作用发挥有限。加之职业学校毕业生就业率虽高，但就业待遇偏低，在择业、升学、报考公务员等方面存在诸多政策限制和歧视，这些问题在一定程度上助长了社会对职业教育的偏见。

(二)中等职业教育办学规模萎缩，基础地位动摇

受生源规模持续性减少的影响，“十一五”以来，陕西省中等职业教育办学规模逐年减少，到2015年，招生数仅为2010年的42.27%，在校生数仅为2010年的51.31%。如表1-23所示。

表 1-23　中等职业学校(不含技工学校)办学规模比较

规模 年份	初中毕业生/人	中职学校/所	高中阶段招生/人		高中阶段在校生/人		中职校均在校生/人
			中职	普高	中职	普高	
2010	627356	382	251820	338378	628261	955861	1644.67
2011	586760	361	236407	336071	603772	969167	1672.49
2012	521287	342	196170	318788	526654	941528	1539.92
2013	455934	316	163984	299383	454858	899424	1439.42
2014	407328	307	135299	279795	377135	851044	1228.45
2015	379476	288	106435	264270	322341	804919	1119.23

从国家层面来看,“十一五”以来党中央、国务院高度重视职业教育发展,相继制定出台了一系列扶持职业教育发展的政策。2014 年《国务院关于加快发展现代职业教育的决定》明确要求,“牢固确立职业教育在国家人才培养体系中的重要位置,统筹发展各级各类职业教育”,“巩固提高中等职业教育发展水平”。现实情况是“十一五”以来,受初中生源锐减影响,2015 年陕西省中等职业学校在校生规模与 2010 年相比,减少近一半,但中等职业学校数量仅减少了 24.61%;加之普通高中招生人数尽管有所减少,但减幅较小,致使中等职业学校校均规模出现大幅度下滑,仅为 2010 年的 68.05%,减少近三分之一,一些学校出现生存危机。有些学校出于生存的考虑,不得不把工作重点放在开展对口单招升学教育上,中等职业教育的办学方向偏离,基础性地位出现动摇。

(三)专业教师数量短缺,结构不尽合理,综合素质偏低

教师是人才培养的关键。职业院校师资队伍结构不合理、综合素质不高的问题,已成为影响职业教育内涵发展、质量提升的关键性因素。目前,在职业院校师资队伍建设上存在的主要问题有三方面。一是存在结构性矛盾。就中职学校而言,受办学规模锐减影响,教师队伍数量饱和。专任教师与学生比为1∶20,专业教师占专任教师的 56.77%,处在合理区间。但专任教师中,双师型教师仅有 3488 人,仅占专任教师的 22.18%,占专业教师的 39.07%,达不到 50%的最低要求。高职院校也存在“双师素质”教师数量不足的问题,据统计,2015 年全省高职院校中具有“双师素质”的专任教师有 5394 人,仅占专任教师总数的 39.53%,结构性矛盾突出。二是专业课教师“入口”不畅。教育部门和职业学校

缺乏用人自主权，各级人社部门对职业学校现有教师的调配政策一直沿用对普通中学教师调配的模式。专业类高校毕业生到职业学校任教因缺少教师资格证，往往连报考资格都没有。而人社部门认可的具有教师资格的高校，大都属于师范类院校，这些院校培养的大多属于文化基础学科学生，无法胜任职业院校专业课的教学任务。“入口”不畅也带来“出口”困难，一些无法胜任职业学校教学的教师调动难，学校缺乏办学活力。三是兼职外聘教师薪酬没有保障。受教师“入口难”以及结构性矛盾突出等问题影响，为了完成教学任务，职业院校大都需要聘请一批兼职教师来解决教师队伍的矛盾。2015 年全省中等职业学校外聘兼职教师 2187 人，占专任教师的 13.91%；高职院校外聘兼职教师 5103 人，占校内专任教师的 37.39%。但据了解，大部分中等职业学校外聘兼职教师的薪酬财政却无力承担，需要学校从办学经费中挤出资金落实，无形中加重了学校的办学负担。

(四)企业主体作用薄弱，校企合作层次低，效果不突出

2014 年《国务院关于加快发展现代职业教育的决定》明确要求，“鼓励行业和企业举办或参与举办职业教育，发挥企业重要办学主体作用”。然而现实情况是，企业主体作用没有得到发挥，校企合作层次浅、水平低、难度大，校企合作表现为“院校热企业冷”的状况。分析原因主要有以下几点。

1. 职业院校实力较弱，缺乏对企业的吸引力

首先，从人才培养质量上看，很多高职院校由中专升格而来，虽然经过前些年的连续扩招，规模有了很大发展，但自身办学实力仍然较弱，对企业缺乏吸引力。部分院校理念保守，理论教学与实践教学脱节，实习实训条件较差，人才培养质量难以满足企业的需求。高职尚且如此，中等职业学校就更难以赢得企业的信赖。目前，绝大多数企业与职业院校的合作仅停留在录用毕业生上。

其次，从人才供求情况看，当前的就业状况仍处于买方市场，企业有更多的挑选余地，用人成本较低，甚至很多企业存在人才浪费现象，在一些技术性不强的岗位上也安排的是高学历毕业生，职业院校毕业生并不能有效吸引企业。

再次，由于职业院校教师科研能力较弱，加之经费短缺、设备落后等问题制约，社会服务能力普遍不强，无法帮助企业解决产品研发、技术攻关等问题，难以满足企业的技术需求，使企业对开展合作提不起兴趣。

2. 企业参与职业教育缺乏动力，校企合作积极性不高

首先，作为市场经济的主体，企业以营利为目的，获取投资收益是其动力来源。职业院校为企业提供直接经济利益的能力有限，加上目前企业参与职业教育办学的税收优惠、财政补贴等优惠政策难以兑现，因此企业所期望的经济利益难以实现。

其次，校企合作中，多数职业院校希望企业能提供实训设备、共建实训基地、安排实习岗位和就业等。为了合作，企业要提供实习场地和设备、安排专人管理、挑选师傅带徒学习、支付学生工资等。总之，企业为满足学生技能培养的各种需要，不仅要投入人力、物力和财力，正常的生产经营秩序还要受到影响，合作成本较高。

再次，校企合作中企业承担的风险也较大。一方面由于学生生产经验少、工作效率低，难以保证产品质量，生产操作中易出次品、废品，给企业带来经济损失；另一方面学生不熟悉操作规程，增加了安全隐患，易发生工伤事故和纠纷，加大了企业安全生产的难度。不少企业觉得校企合作是个“负担”。

3. 政府介入不够，尚未发挥好统筹协调职能

首先，政府部门没有专门的机构协调校企合作。一方面职业院校和企业分属不同体系和行业，需要专门的组织机构来协调安排，政府的作用不可替代；另一方面合作政策的落实（如税收优惠）还需要其他职能部门的支持和配合，需要专门的组织机构来协调沟通。然而，目前只有教育主管部门在积极推进校企合作，但毕竟职能及协调力度有限，影响了校企合作目标的实现。

其次，没有形成系统合理的政策体系。近些年来，国家出台了不少促进校企合作的政策法规，但缺少配套的执行措施，制约了政策法规的有效落实。现有政策中以教育主管部门制定的原则性、指导性政策居多，财政、税务等部门出台的政策很少。由于政策偏重指导性，刚性措施不力，因此政策难以落实。还因缺少政策支持，校企合作得不到足够的经费投入，企业得不到必要的成本补偿，相关优惠政策得不到落实，使校企合作难以向更深层次发展。

（五）专业与产业匹配度不高，职业教育竞争力不强

陕西省三大区域产业发展差异巨大，基本形成了以“关中先进制造、陕北能源化工、陕南绿色产业”为主导的区域产业格局。从陕西省中等、高等职业教育人才培养规模分析，中等职业教育培养规模较大的专业大类是信息技术、加工制造和医药卫生，分别占到总规模的18.45%、15.79%和12.69%；高等职业教育培养规模较大的专业大类是财经类、医药卫生类、制造类、土建类和交通运输类。从产业对应关系看，职业院校专业集中在第二、第三产业，而第一产业相关专业

的人才培养数量很少，广大农村经济发展应用型人才短缺，对于仓储及邮电通信业、租赁和商务服务业，科学研究、技术服务、地质勘查、酒店服务和餐饮等细分行业吸纳较多，但职业院校专业设置中并没有体现或细分出来。对一些新兴行业的关注度较低，专业前瞻性不够，与区域产业发展水平不协调，职业教育专业与社会产业之间匹配度还不高。正因此才会出现企业技术工人缺乏，而就业市场上劳动力资源富裕的现象，人才培养与市场需求之间的结构性矛盾依然突出。

在产业结构升级的背景下，新兴产业从物质资本密集型向技术资本密集型过渡，或者从技术密集型产业向知识密集型产业转换，对高技能人才和创新型人才的需求增加。而当前职业教育人才培养的规格和层次较低，应用型本科职业教育规模偏小，职业教育人才培养的梯次结构还不能很好地与产业结构升级需求相适应。中等职业教育处于为生产一线提供高素质劳动者的层次；高等职业教育存在培养规格断层，目前处于为企业生产和管理岗位提供技术技能型劳动者的水平，复合型、创新性技术技能人才培养尚处于空挡。从适应产业发展需求上看，职业教育与普通高等教育相比，其优势和特色尚不明显，缺乏有效的竞争力。

三、陕西职业教育改革发展面临的新形势与新机遇

（一）经济新常态提出的新要求

新常态下中国经济有三个鲜明特征，即：从高速增长转为中高速增长；经济结构不断优化升级，第三产业消费需求逐步成为主体，发展成果惠及更广大民众；由要素驱动、投资驱动转向创新驱动。职业教育是与经济发展联系最为紧密的教育类型，经济新常态的这三个鲜明特征对职业教育改革发展提出了新的要求。

在新常态下，职业教育原有的人才培养目标、规格、层次和结构，以及原有的培养模式、发展方式都会因为经济发展的新特点而进行调整。职业教育必须主动对接，努力实现培养目标定位、培养模式创新等的全方位转型升级。一是要主动适应经济发展方式转变要求，更加重视中、高端技术技能人才培养，加大复合型、创新型技术技能人才培养的比重；二是要主动适应经济增速调整要求，将资源配置和工作重心转移到内涵建设上，加强专业品牌建设和特色学校建设，深化教育教学改革，着力提升技术技能人才培养质量；三是要主动适应保障改善民生要求，坚持以服务发展、促进就业为导向，走对接需求、特色鲜明的发展道路，重点提升学生的就业创业能力，满足不同层次、不同发展方向学生的需要，促进人的全面发展；四是要适应人才需求结构要求，打通从中职到高职再到应用型本科

的上升通道，夯实中职教育发展基础，创新发展高等职业教育，引导本科转型，形成技术技能人才成长的“立交桥”，培养更多高素质劳动者和技术技能人才；五是要适应资源配置方式要求，不断深化办学体制机制改革，调动和引导各方面特别是行业企业的参与，形成多元办学、公办民办协调发展的格局。

（二）“一带一路”带来的新机遇

“一带一路”建设是党中央、国务院主动应对全球形势深刻变化，统筹国内国际两个大局做出的重大战略决策。职业教育与“一带一路”建设联系密切，陕西是新丝绸之路经济带的起点省份，“一带一路”建设为陕西职业教育发展提供了重要机遇。

一是给陕西职业教育国际合作办学提供了条件。教育跟着产业走，职业教育要与国家经济利益在海外的存在相伴随。随着中国装备走出去的步伐不断加快，国际产能合作日益深化，这将有效拉动有关国家对技能人才的需求。周边国家，特别是中亚各国职业教育普遍比较薄弱，教育基础设施落后，产教融合程度不足，学生就业困难，对高质量的职业教育有着旺盛的需求，这为陕西职业教育院校到境外办学提供了重要机遇。经过多年的发展，陕西职业教育积累了丰富的办学经验，形成了一批具有鲜明办学优势和特色的职业教育品牌，职业院校可结合自身办学特色举办境外分校，或是与走出去的中国企业共同设立职业技能培训中心，对接当地职业教育和职业培训需求，为当地培养新一代产业工人；也可与当地职业教育学校共建特色专业，围绕当地“一带一路”重大建设项目工程设置相关联的专业，满足项目工程建设和后期运行管理对高素质劳动者和职业人才的持续需求。

二是促进陕西职业教育国际交流跃上新台阶。抓住“一带一路”机遇，可组织一批陕西职业院校与“一带一路”沿线国家职业教育学校建立校际互访交流机制，通过研讨会、参观访问、实地考察等形式，加深彼此的了解和认识，实现思想交流、经验分享、互学互鉴。

三是拓宽职业院校学生交流渠道。国家发改委等三部委联合发布的《推动共建丝绸之路经济带和21世纪海上丝绸之路的愿景与行动》，明确提出我国每年向沿线各国提供1万个政府奖学金名额。可争取一定名额用于陕西职业教育与周边国家职业教育学生的交流，拓展学生的国际视野。

四是开拓陕西职业教育毕业生境外就业。职业院校通过加强与走出去的中国企业合作，为学生提供国内境外实习锻炼的机会，共同培养一大批适应境外工

作需要的、综合素质高的技能劳动者和职业人才，为中高职毕业生提供了大量的境外工作就业机会。

（三）教育扶贫提出的新任务

按照省定年人均纯收入2500元以下这一标准，到2015年底，陕西省尚有贫困人口316.7万人，占陕西总人口的8.41%。要实现这316.7万人在2020年前全面脱贫，与全省人民共同迈向全面小康社会，任务十分艰巨。按照“创新、协调、绿色、开放、共享”五大理念，“十三五”期间，陕西将采取产业扶贫、易地搬迁扶贫、教育扶贫、转移就业扶贫、健康扶贫、兜底保障扶贫、生态保护扶贫、基础设施和公共服务配套项目扶贫等八大工程，扎实推进精准扶贫。在实施脱贫攻坚工程上，职业教育肩负新的历史使命。

产业扶贫除了需要给贫困人口提供产业扶持资金外，最重要的是要给予他们从事相关产业的技术支持，开展职业技能培训，这就给职业教育提出了新的任务和要求。易地搬迁扶贫作为陕西重要的脱贫攻坚模式，最根本的是要为搬迁人口提供转移就业的技术和机会，这就需要职业教育继续大力实施“人人技能工程”培训，让易地搬迁劳动力获取一技之长，实现带技术转移就业。而教育扶贫方面，职业教育有着更加独特的优势。首先，从招生对象来看，职业教育对贫困地区的学生有着实际的吸引力。目前我国职业教育主要是学历教育，招生对象主要是初中、高中毕业生。受招生体制以及各种社会偏见的影响，总体上看，职业院校的学生成绩低于普通学校的学生，这就造成了起点上的不公平。但是，对于相当一部分贫困学生来说，职业教育却是理想的选择。受经济发展水平的限制，贫困地区的教育资源相对匮乏，教育水平也落后于经济发达地区，这在一定程度上造成了贫困地区学生的升学率偏低。许多孩子无法通过普通教育渠道继续读书，而职业教育则可以为原本无法读高中、读大学的孩子提供继续学习的机会。其次，从教学特点看，职业教育的技能培养方向有利于脱贫。职业教育就是以就业为导向的“能力本位”教育，开展职业教育扶贫更有利于促进贫困者的自身长远发展。

四、陕西职业教育改革与发展的对策建议

（一）提高认识，落实职业教育优先发展战略

1. 提高对职业教育重要性的再认识

首先，要持续不断地宣传职业教育对经济社会发展的重要地位和作用，对培

养多元化人才的重要作用，积极转变成才观念，为职业教育发展提供思想前提，创造良好发展环境，逐步消除社会对职业教育的偏见。其次，要进一步强化中等职业教育的基础地位和办学方向，坚持统筹整合资源，调整办学定位和布局，稳定办学规模，切实提升办学质量，真正使中等职业教育特起来、强起来。同时，要着重提高市、县两级政府及地方教育行政部门对职业教育重要性的再认识，落实习近平总书记关于职业教育的重要批示精神，充分认识职业教育与经济发展、与民生改善以及与社会公平之间的关系，真正把职业教育摆在优先发展的战略地位，落实好总书记的“必须高度重视，加快发展”的要求。

2. 采取切实措施，推动职业教育优先发展

要统筹各类教育发展，在职业教育发展上给予更多的政策支持，要在学校建设、经费安排、教师队伍建设等诸多方面给予职业院校更多的政策倾斜。当前，尤其要从战略全局的高度定位好职业教育发展方向，优化高中阶段教育结构，加强中等职业教育的内涵发展和质量提升。要改革高等学校招生办法，扩大高等职业教育招生，并扩大高等职业教育从中等职业教育学校招生录取的比例，真正促进中高职教育的有效衔接贯通。

3. 帮助职业院校解决发展中的实际问题

职业教育目前面临的困难和问题较多。当前，要加大力度，积极推进中职学生全免费及生均经费标准等相关政策出台，要认真研究解决中职招生难、职业院校教师招聘难、校企合作难等突出问题，建立完善政策支持体系和制度运行机制，优化职业教育发展环境。

（二）明确定位，全面构建现代职业教育体系

1. 纵向层面，完善职业教育体系

一是认真审视中等职业教育的定位问题，从满足人民群众和经济社会发展的两个需要出发，统筹发展高中阶段教育，积极推动并保持高中阶段两类教育大体相当的目标要求。着力推进中等职业学校内涵发展和质量提升，以高质量赢得社会认可，以高质量增强职业教育的吸引力。积极引导县级职业教育中心广泛开展技术推广、扶贫培训、劳动力转移培训。

二是推进应用型本科院校转型发展。调整优化高职学校和专业布局，积极尝试推动国家示范性高职院校与应用型本科院校联合开展职业本科教育，实现高职专科与应用型本科衔接。引导一批地方普通本科高等学校向应用型本科转型，支持独立学院大力举办应用型本科教育，鼓励部分省属普通高校转型发展应

用型本科，开展研究生职业教育试点。

2. 横向层面，促进普通教育与职业教育融通

一是在高中阶段探索普通高中和中等职业教育融通培养的形式，采取分流教育或学分制办法，引导学生根据志愿和兴趣爱好“双向流动”；在高等教育层面，实行弹性学制和学分制，促进大学生的双向选择，鼓励普通高校学生选修职业教育专业技能课程，获取职业技能等级证书，取得高等职业教育学历。

二是加强成人教育和社区教育，拓展职业教育的社会服务功能。利用各类职业教育资源构建城乡继续教育网络，全面加强社区教育。利用县级职业教育中心资源，面向未升学初高中毕业生、残疾人、失业人员、退役士兵等群体广泛开展职业教育和培训。以培养新型职业农民为重点，实施新型职业农民培育工程，培养多层次农业技术人才。

(三)加强培训，全面提高教师队伍综合素质

1. 推行非实名制编制管理，破解教师“入口”不畅的问题

扩大职业院校用人自主权，制定特殊政策，允许职业院校从未取得教师资格证书的高等职业院校大学生中招聘教师。完善教师聘用制度，安排每所学校20%左右的机动编制，实行非实名制管理，财政予以人头经费安排，学校据此引进企业生产和服务第一线的高级技术人员兼职教学，解决兼职聘任教师的薪酬问题。建立专业教师定期轮训制度，财政安排资金支持教师到企业进行工作实践，提高教师的专业能力和实践教学能力。

2. 创新培训内容和形式，提高培训质量水平

建立学校间合作培训机制，定期遴选一批教学管理干部赴对方学校挂职锻炼，培养教学骨干管理队伍。加强调研，切实了解和掌握当前职业院校教师队伍状况，采取“菜单”模式，认真组织实施有针对性的专项培训。广泛组织教学交流和研讨活动，促进互帮互学，提升教师队伍综合素质。

(四)完善政策，深入推进职业教育校企融合办学

1. 加快推进职业教育校企合作立法

法规制度是职业教育健康有序和可持续发展的重要保障，是关乎职业教育发展全局性的问题，应建立健全保障职业教育发展的一系列地方性法规制度。当前，首先要推动落实陕西省政府《关于加快发展现代职业教育的意见》精神，积极呼吁加快职业教育校企合作立法进程，落实政府、学校、行业企业在职业教育发展上的责任，充分调动企业积极性，并对职业教育“校企合作、产教融合”工作

具体的推行实施做出明确的部署与安排。

2. 充分发挥行业主管部门和行业组织对职业教育的业务指导作用

明确企业支持校企合作的社会责任，建立健全行业人力资源需求预测和就业状况定期发布制度，形成职业教育与产业体系建设同步规划机制和职业院校与行业对话机制。完善职业教育集团化办学制度，支持行业、企业、科研机构、社会组织或职业院校共同组建行业主导型职业教育集团，推动集团内职业院校与企业资源共享，形成校企互利共赢、共生发展的集团化发展机制。

(五)加强管理，推进职业院校治理能力现代化

推进职业院校治理能力现代化，学校层面要从日常的规范管理抓起。当前，职业院校要建立教学工作诊断与改进制度，持续开展整改巡视和复核工作，提升学校教育教学管理水平。其次，要修订完善职业学校招生、专业设置、课程教材、学籍管理、顶岗实习、毕业就业等规章制度，规范办学行为。通过建立完善职业院校办学"章程"，改革治理方式，推动依法治校，改变"行政化办学思维"，健全学校内部决策、执行和监督的机制，使学校自主办学、自我约束、民主管理。

从政府角度讲，当前，一是按照全面深化改革和全面依法治教的要求，落实各级政府在职业学校生均经费、教师配备等方面的责任，保障职业院校依法自主办学；二是指导推动职业学校制定办学章程，建立完善现代职业学校制度，实行民主、开放、科学管理；三要转变管理思维，减少对学校微观事务的干预，更多地把精力放在规划、服务和基本保障上来，扩大职业院校在专业设置、人事管理、收入分配等方面的自主权。

(六)面向未来，促进职业教育国际化发展

1. 开展职业院校互派留学生、交换生试点，扩大合作交流

有计划地针对丝绸之路沿线国家与地区经济社会发展需要，在陕西中高职院校开设新专业，加强优势专业建设，重点办好机电、特色农产品、特色食品、能源、交通、电力、邮电、化工、纺织、制药、茶叶、农产品加工、消费品生产、机械制造等专业，加强农业、沙漠治理、太阳能、风能、环境保护等方面的科学研究与技术创新。试行陕西省与丝绸之路沿线国家和地区互派公费职业教育留学生制度，为丝绸之路经济带提供文化教育服务。制定优惠政策，引导陕西省职业院校毕业生面向丝绸之路经济带沿线国家和地区就业创业。

2. 承担丝绸之路经济带地区国家职业教育与培训项目，促进陕西职业教育国际化发展

适应丝绸之路经济带建设的需要，动员和组织省内职业院校和国有企业在丝绸之路沿线国家和地区举办职业教育，吸引一批沿线国家、地区职业院校和专业技术技能培训机构来陕西办学。支持有条件的高职院校面向丝绸之路经济带沿线国家和地区，合作建设中外合作职业院校、培训中心、示范基地，加大职业教育"陕西品牌"的培育和"输出"。通过以"输出去"为主、"引进来"为辅的方式，大力推进陕西省职业教育国际化进程。

（执笔：杨雪峰、惠均芳）

第二部分　2014陕西职业教育专题调研报告

一、陕西高等职业教育发展调研报告

通过对陕西工业职业技术学院、西安航空职业技术学院、陕西能源职业技术学院、陕西航空职业技术学院、汉中职业技术学院、西安技师学院、西安商贸旅游技师学院、陕西航空技师学院等8所院校走访调研，了解掌握了大量第一手材料。首先从经费预算、发展规模、人才培养、产学研合作、师资队伍、评估评价、困难与问题等7个维度分析陕西高等职业院校发展的基本现状，其次分析了高等职业教育发展存在的主要问题及原因，最后从经费预算、管理环境、职业教育"立交桥"、评估评价、职能转变、增强院校领导力、配套政策等7个方面对发展陕西高等职业教育给出建议。

(一)陕西高等职业院校基本现状

1.经费预算

(1)高职高专院校经费现状

根据2012～2014年《陕西省教育厅公共预算拨款支出明细表》对普通高等教育和高等职业教育经费进行了统计，结果如图2-1所示。

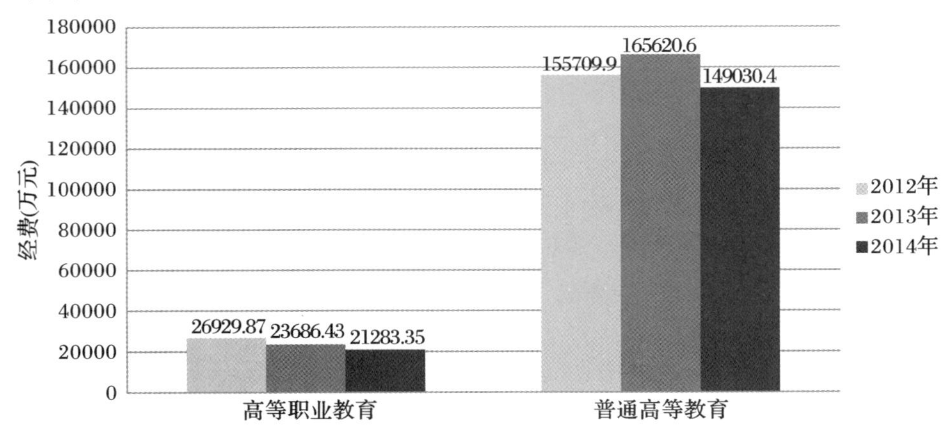

图2-1　高等职业教育和普通高等教育经费情况

由统计分析可知，2012～2014年高等职业教育经费占普通高等教育经费的

平均比例为15.79%，并且高等职业教育经费总额呈逐年下降趋势。同时陕西省还有6所中央财政拨款的部属院校，进一步拉大了普通高等院校与高等职业院校经费的差距。

根据国家统计局2012～2014年《中国统计年鉴》对陕西省本科（普通高等教育）、专科（高等职业教育）在校生人数进行了统计，结果如图2-2所示。

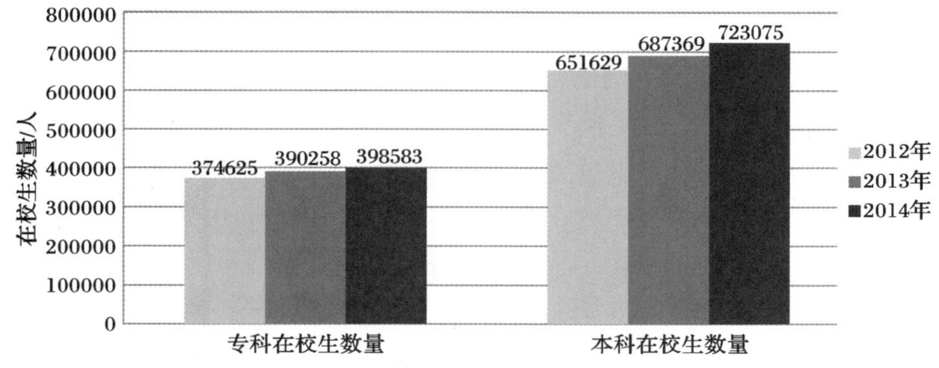

图2-2 本、专科在校生数量变化图

2012～2014年，陕西省专科在校生规模稳中有升，本科在校生的数量呈现出持续上涨的趋势，本科在校生的增长幅度远大于专科。

陕西省专科在校生占本科在校生的56.46%，但是财政列支的高等职业教育经费仅占普通高等教育经费的15.79%，陕西省教育经费的分配重点明显向普通高等教育倾斜。

（2）技师院校经费现状

通过调研西安技师学院、西安商贸旅游技师学院、陕西航空技师学院了解到，技师院校由于不属于教育主管部门领导，其办学经费分别在同级财政有关事业费中列支，不计入教育经费，也从没有享受过教育费附加。

（3）企业投入经费

调研的8所院校所提供的资料中，均显示没有企业投入。但是经过实地考察，这8所院校均有与企业合作的项目，部分参与合作的企业提供实验实训设备、软件，一般记为资产，基本上是一次或分几次投入，没有企业对学校的资金投入。

(4)收支平衡

调研的8所院校中,除了西安技师学院外,其余院校均保持了较为合理的收支平衡,并且有6所院校有少量的办学结余。调研发现,2011～2013年西安技师学院的支出最高达到收入总额的50%,西安技师学院副校长解释了入不敷出的原因。西安技师学院是原属西电集团的技工学校,只有少量的政府专项补贴,主要依靠学费和自营收入,并且还要向西电集团缴纳利润。

(5)经费投入对应用型人才的支撑作用

调研的8所院校均没有提供预算制定与分配方案,无法从预算管理方面分析经费投入对应用型人才的支撑作用。根据陕西航空职业技术学院、汉中职业技术学院和陕西航空技师学院提供的资料来看,人才引进、教师行业能力、实验室建设和实习实训设备引进是主要的投入方向。

(6)小结

陕西省对高等职业教育的投入不足,普通高等教育与高等职业教育的经费总额和生均经费都相差悬殊,高等职业院校保持收支平衡变得更加困难。被调研院校缺乏预算管理体系,难以将有限的资金准确、持续地投入到应用型人才培养上。在经费不足的情况下,除了争取政府拨款外,还需要院校增强自己的造血能力和精细化管理能力,尤其是预算管理能力。

纵观瑞士、德国等职业教育发达的国家,职业教育的经费主要来自企业投资和政府拨款,政府没有强行规定企业投资职业教育,而是在政策导向和社会氛围上推动企业与职业院校进行联系。陕西省目前缺乏此类制度的建设和社会舆论导向。

欧洲很多国家施行免费的职业教育,但我国高职的学费普遍在五千元左右,公办本科的学费普遍在三四千元左右。单从学费方面来看,高等职业教育不具备吸引力,加之社会舆论对于职业教育的认可度低,职业教育发展的阻力很大。

2. 发展规模

(1)院校数量

陕西省教育厅发布的《教育事业发展统计公报》显示的职业院校数量如图2-3所示。

陕西省的中等职业教育院校、职业高中的数量逐年下降,高等职业院校(不含技校)的数量基本持平。

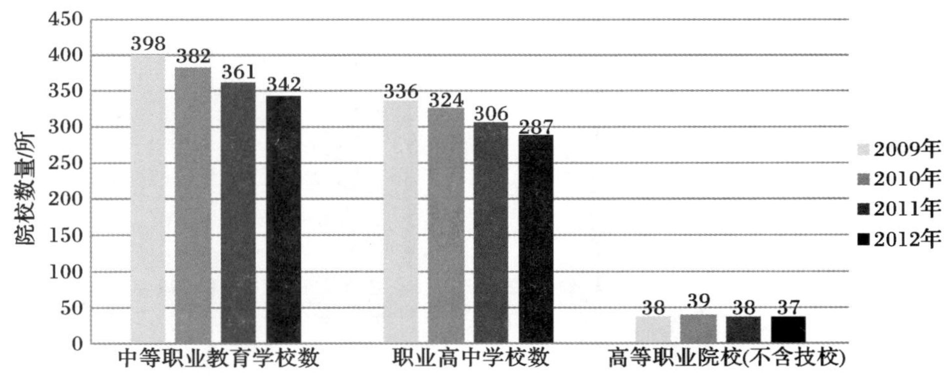

图 2-3 职业院校数量

(2)在校生数量

如图 2-2 所示,陕西省高等职业教育在校生稳中有升。为了了解高等职业教育规模的全国水平,以 2013 年为例,根据《中国统计年鉴》对各省专科(高等职业教育)在校生数、高校在校生总数、每 10 万人口高校在校生数进行了分析,结果如图 2-4 和图 2-5 所示。

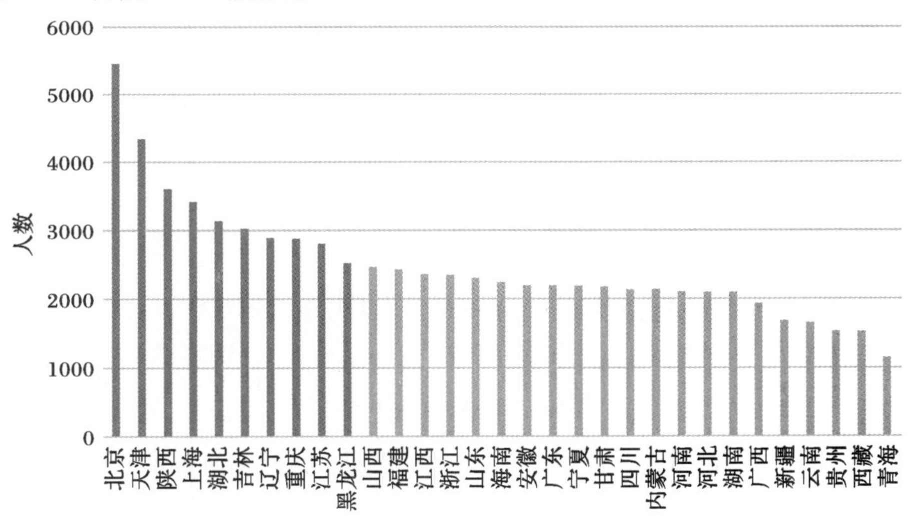

图 2-4 各省每 10 万人口高校在校生数

对比图 2-4 与图 2-5 发现,每 10 万人口高校在校生数最多的 10 个省份中,有 6 个省份是专科在校生数占高校在校生总数比例最低的,目前没有一个省份的专科在校生数超过高校在校生总数的 50%。与其他高等教育规模较大的省份相比,陕西省高等职业教育的规模并不小。

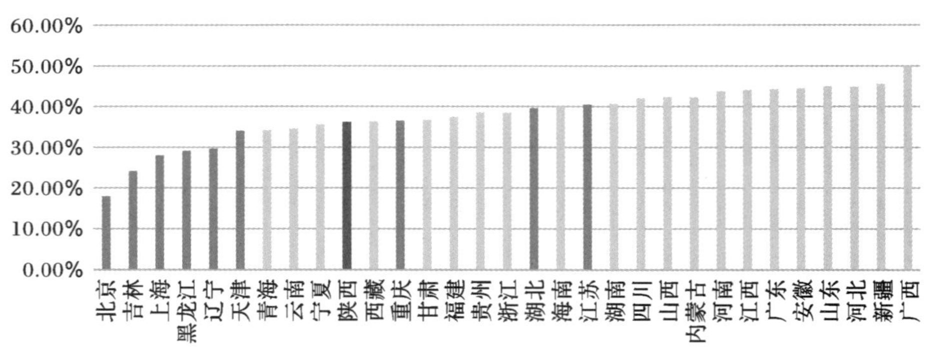

图 2-5 各省专科在校生占高校在校生总数的比例

(3)小结

高等教育规模大的省份,其专科生占比较少是一个普遍现象。在普通高等教育规模增长并且高考考生不断下降的情况下,专科生占比少也是一个正常现象。与其他高等教育规模较大的省份相比,陕西省高等职业教育的规模不存在萎缩和不足的问题。

《华商教育》显示,陕西省的高考补习率居全国第一,2010～2012 年,分别有 8 万、7.4 万、7 万名考生放弃专科录取选择复读。所以,陕西省高等职业教育发展的重点是提升质量而非扩大规模,并且要打通高等职业教育与普通高等教育的“立交桥”,增加对考生的吸引力。

3. 人才培养

(1)区域产业布局

陕西有 5 个国际级高新技术开发区、5 个国家级经济开发区、1 个国家级文化产业示范区,这 11 个国家级产业园区的主导产业将是陕西省的重点发展产业,对陕西整体经济发展布局有战略性影响(见表 2-1)。

表 2-1 陕西省 11 个国家级开发区(示范区)的主导产业统计表

开发区名称及所在地	主导产业
西安高新技术开发区(西安)	通讯、光伏、软件与服务外包等
杨凌农业高新技术产业示范区(西安)	生物医药产业、新型饲料产业、环保农资产业、生物材料产业、食品工业、农业装备制造产业
咸阳高新技术产业开发区(咸阳)	电子信息、生物医药、新型合成材料、纺织服装、高科技文化
榆林高新技术产业开发区(榆林)	能源化工、装备制造、新能源

续表 2-1

开发区名称及所在地	主导产业
宝鸡高新技术产业开发区(宝鸡)	钛及钛合金新材料、现代石油钻采传输装备、汽车及零部件、高速铁路装备、电子信息装备、中低压输变电、机床工具制造
西安经济技术开发区(西安)	商用汽车产业、电力电子产业、食品饮料产业、新材料产业、光伏半导体产业、风电设备产业、兵器科技产业、服务外包产业
陕西航空经济技术开发区(西安)	以飞机设计、生产制造、试飞鉴定、教育培训、旅游体验、交流会展等为一体的航空产业
陕西航天经济技术开发区(西安)	民用航天产业、新能源新光源产业、以动漫创意为主的数字航天产业、生物医药产业、高端物流产业
汉中经济开发区(汉中)	航空配套制造、精密机械加工、智能仪表、现代医药、现代物流
神府经济开发区(榆林)	煤盐化工、装备制造、新型材料
曲江文化产业示范区(西安)	文化旅游、会展创意、影视动漫、出版传媒

(2)专业设置

本次调研的8所院校的主要专业设置如表2-2所示。

表2-2 被调研院校的专业设置门类(部分)

院校	专业设置门类(部分)
西安航空职业技术学院	航空设备维修、飞机制造、航空服务、汽车技术、电子技术、动漫设计、机电制造、太阳能技术、数控等
陕西工业职业技术学院	酒店、旅游、服装纺织、机电技术、机械制造、精密机械、材料技术、物流、数控等
陕西能源职业技术学院	煤炭开采、医药制剂等
陕西航空职业技术学院	飞机制造、机械制造、机电技术、软件技术、航空设备维修、数控等
汉中职业技术学院	医学、药学、电子工艺、汽车技术、计算机、酒店管理等
西安技师学院	数控、机电技术、汽车技术、电力系统等
陕西航空技师学院	数控加工、机电检验、酒店管理、电子技术、物流等
西安商贸旅游技师学院	旅游管理、酒店管理、导游、形象设计、烹饪等

被调研院校都能够根据区域主要产业设置专业，除了直接相关的专业外，还针对配套的服务业开设了专业。

(3)毕业生去向

被调研院校中，有5所院校提供了2011～2013年生源情况及毕业生去向情况，陕西工业职业技术学院提供了2012～2013年的情况。如表2-3所示。

表2-3　被调研院校2011～2013年生源比例与毕业生留陕比例

院校	陕西生源比例/%	毕业生留陕比例/%
陕西工业职业技术学院	86.81(2012～2013年)	68.92(2012～2013年)
陕西能源职业技术学院	96.9	83.32
陕西航空职业技术学院	92.46	64.97
汉中职业技术学院	87.16	84.2
西安技师学院	94.24	94.24
西安商贸旅游技师学院	91	97

陕西省高等职业院校的主要生源来自陕西，陕西生源毕业后绝大多数都留在陕西工作。

(4)毕业后选择

调研组通过问卷，对被调研院校学生毕业后的选择情况进行了调查分析，如图2-6所示。

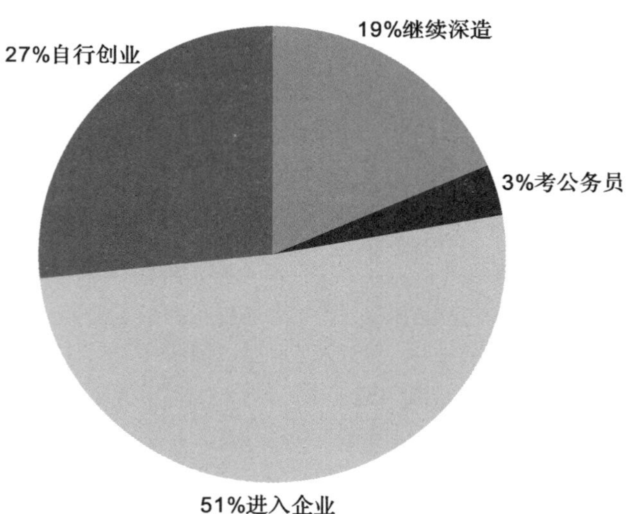

图2-6　学生毕业后的选择情况

51%的被访学生表示毕业后选择进入企业，27%的被访学生选择毕业后创业。

(5)高职毕业生学历提升空间

调研组通过问卷，对被调研院校学生学历提升的意愿、途径与难度、学历提升选择进行了调查分析，如图 2－7 至图 2－9 所示。

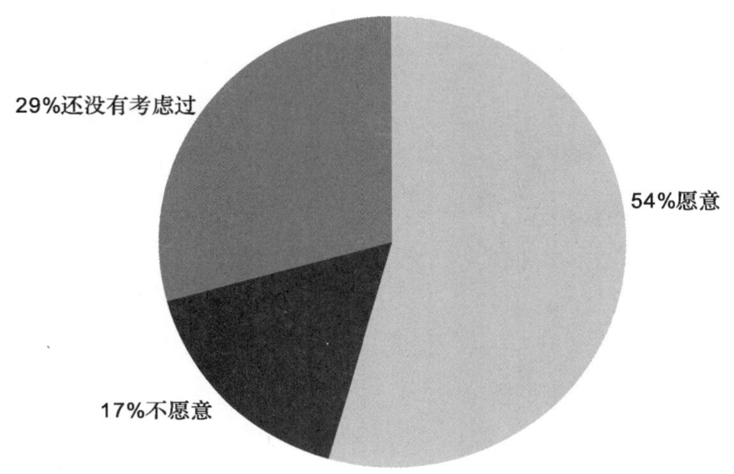

图 2－7 继续提升学历的意愿

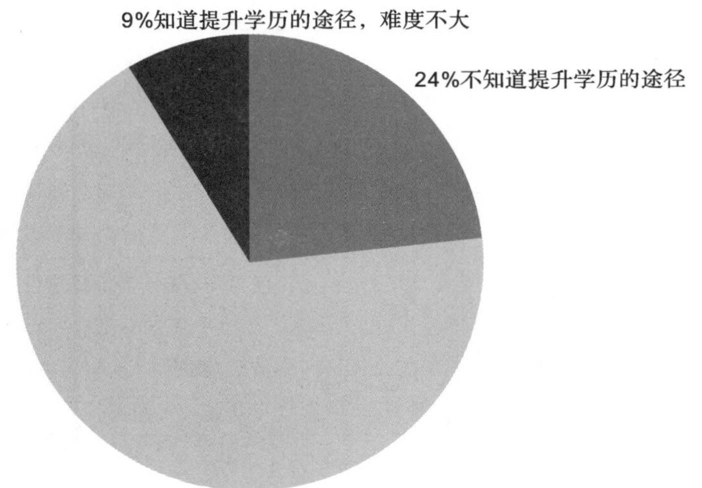

图 2－8 继续提升学历的途径和难度

通过问卷调查，有 54%的被访学生愿意提升自己的学历(见图 2－7)，但是提升学历的难度很大，有 67%的被访学生认为升学难度很大，甚至有 24%的被访学生都不知道升学的途径有哪些(见图 2－8)。有 53%的被访学生选择通过

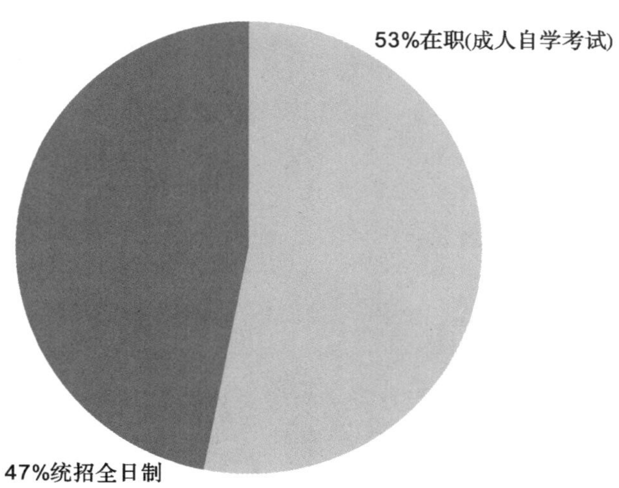

图 2-9 选择提升学历的方式

成人自学考试的方式来提升学历(见图 2-9)。

(6)创新应用型人才培养模式

被调研院校不断探索新的应用型人才培养模式。调研组收集整理了被调研院校提供的有关资料,如表 2-4 所示。

表 2-4 被调研院校人才培养模式

院校	应用型人才培养模式
陕西航空职业技术学院	探索出"工厂办在校园里、课堂设在企业中、教学生产一体化、工作学习相结合"的办学模式,以及"循环递进、工种对接、提升素养"的人才培养模式,最终能实现生产车间与实习车间合一、教师与师傅合一、学习与生产合一、作品与产品合一,车间进校使校企双方真正达到了互利共赢、共同发展
陕西工业职业技术学院	形成了基于工学结合、企业深度参与、具有装备制造行业特色的"工学六融合"人才培养模式,即人才培养与企业需求相融合、专业教师与能工巧匠相融合、理论教学与技能培训相融合、教学内容与工作任务相融合、能力考核与技能鉴定相融合、校园文化与企业文化相融合
西安航空职业技术学院	探索出了"工学四合"系统人才培养模式,坚持走工学结合、校企合作,以高素质技术技能人才的培养目标为导向,以课程改革建设和教学模式改革为突破口,不断深化人才培养模式改革
西安技师学院	确立了"企中建校、校中办企"的办学思路,为实现"产教相融、工学交替"的人才培养模式创新奠定了基础。这种全程参与、学习性工作任务培养模式,基本实现了学生技能训练与生产岗位要求的"零"距离,能够迅速提升学生岗位适应能力,使学生就业后就能直接承担企业生产一线的工作

(7)小结

结合陕西省产业布局、专业设置、毕业生去向、就业选择等情况，陕西省高等职业院校能够围绕区域产业布局进行人才培养，各院校都在不断探索新的应用型人才培养模式，为陕西本地经济发展提供人力资源支撑。

虽然高等职业院校在人才培养模式上不断探索，提供质量更高的职业技能教育，但是毕业生对于学历的要求无法得到满足，高职毕业生普遍感到升学困难。一是因为高职学生自身文化课功底较差(相对于本科生)；二是高等职业教育与普通高等教育的“立交桥”还没建立起来；三是学校并没有将学生升学作为一项重要职能去落实，更注重面向就业培养人才。

4. 产学研合作

(1)企业参与学校人才培养方案的情况

调研组收集整理了被调研院校提供的关于企业参与学校人才培养方案的情况，如表 2-5 所示。

表 2-5 被调研院校企业参与学校人才培养方案的情况

院校	企业参与学校人才培养方案的情况
西安航空职业技术学院	从专业的申报设置、调整改革，到专业人才培养方案的制订、课程体系建设、课程标准制定、教材编写，从实验实训条件建设到实训项目开发等，都有了长足的进步，行业标准、岗位需求、企业文化、职业素养等多种企业元素已经自然引入到了人才培养过程中
陕西工业职业技术学院	根据专业人才培养目标和岗位任职要求，学院与企业共同系统设计、完善与职业标准对接的、职业岗位能力培养贯穿于课程体系始终的课程体系，全面提高学生的综合素质。2013 年，全校所有专业在教学中将专业培养目标与产业人才需求对接，将职业技能标准相关内容融入课程中，100%的专业将双证书作为必须要求纳入专业人才培养方案
陕西能源职业技术学院	多次到企业现场进行专项调研，广泛听取企业人员对专业人才培养工作的意见和建议，让企业人员具体参与专业人才培养方案的制订，并为本专业课程体系的构建提供依据。邀请企业相关人员积极参与本专业人才培养方案的制订，参与完成人才培养方案的实施过程，积极反馈本专业人才培养质量信息等，为本专业培养出高质量的技术技能型人才提供了必要的基础保障

续表 2-5

院校	企业参与学校人才培养方案的情况
陕西航空职业技术学院	企业参与学院的专业开发、课程体系建设、教学内容和教学方法改革，而且直接参与实践性教学，为开展生产性实习、扩大订单式培养、促进“双师”素质队伍建设、促进学生就业等发挥了积极有效的作用
汉中职业技术学院	通过市场调研和人才供需状况分析，确定专业群的发展规划，各专业群均成立由行业一线专家参与的专业建设指导委员会，定期召开会议共同制订人才培养方案、顶岗实习大纲，共同研讨校企合作运行机制，强化校企合作育人
西安技师学院	邀请西电工业园区企业工程师、技师参与学院专业建设、课程建设
陕西航空技师学院	企业对在本院定向培养的学生提出了自己的要求

被调研院校提供的企业参与人才培养方案的资料中，更多地强调了企业参与，但是如何进行产业细分定位，选择什么样的企业，邀请什么样的企业专家，制订人才培养方案的运行机制和保障机制是什么，没有深入阐述。

(2)产学研合作项目

调研组收集整理了被调研院校提供的关于产学研合作项目的情况，如表2-6所示。

表 2-6　被调研院校开展产学研合作项目的情况

院校	产学研合作项目
西安航空职业技术学院	①订单培养模式，与中航通飞、中航西控、厦门航空、5701厂、联想、中联重科、奇瑞等企业，实现订单培养、合作育人；②校企合作办学模式，与上海中锐集团合作建立了汽车实训中心，实现了企业化课程、模块化教学；③校中企模式，与国一四维航测遥感有限公司合作，学院提供场地，由企业完成建设和设备投入，企业技术人员就是专业教师，企业项目就是教学案例，形成独特的校中企的人才培养模式；④校企联合培养模式，学院与米脂职教中心、内蒙乌海鄂尔多斯化工集团联合培养化工设备维修技术专业学生，学院完成招生和一年的基础培养，二年级到米脂职教中心利用其专业师资和专业实践条件学习专业技能，三年级到企业进行岗位实训和顶岗实习，培养综合能力

续表 2-6

院校	产学研合作项目
陕西工业职业技术学院	探索出“厂校一体化模式”“职教集团模式”“订单培养模式”“柔性顶岗实习模式”“工学交替模式”“实习就业一体化模式”“科研攻关模式”“合作培养模式”“联合共建模式”“项目主导模式”等10种校企合作模式。合作企业有西汽集团有限公司、西安电力机械制造公司、陕西法士特齿轮有限公司、陕西鼓风机(集团)有限公司、宝鸡石油机械有限公司等制造业龙头企业，以及全国百余家机械工业联合会会员企业
陕西能源职业技术学院	依托陕西煤炭工业协会，联合大型煤炭地勘、煤炭生产企业和医疗卫生机构，组建陕西能源职业技术学院合作办学理事会。与山西煤炭地质局及所属各队、陕西煤业化工集团、陕西煤田地质勘查公司、陕西一三一煤田勘探队、陕西彬长煤业集团公司、陕西铜川王石凹煤矿、陕西建材地质总队、陕西天地地质勘查公司、西北综合勘测设计院等多家单位合作建设煤矿开采技术、机电一体化技术、煤田地质与勘查技术、护理等四个专业校企(院)合作示范基地，全方位开展校企(院)合作
陕西航空职业技术学院	结合航空装备制造业特点和专业建设实际，推进学校与航空制造企业紧密合作的工学结合人才培养模式创新，通过开展“订单式”“定制式”培养，经过近10余年来与行业企业的深度合作，学院在飞机制造技术等10余个制造类专业中逐步探索形成了“循环递进、工种对接、提升素养”的人才培养模式。各专业与企业行业合作，有计划地编写高职特色教材及实践指导书，同时注重多媒体课件的引入与开发
汉中职业技术学院	药学专业、汽车检测与维修专业、园林技术专业等分别与汉中地区的生产、销售企业建立了学研合作科研。一方面与企业技术人员通过联合攻关技术类科研项目方式开展合作；另一方面学院利用科研与师资的优势，全面开展技术指导，解决行业、企业技术难题，帮助企业实现利益最大化
西安技师学院	于1999年创办西安豪特电力开关制造有限公司，已经成为学院机床切削加工、焊接、高压电器装配、钳工等专业工种在校内产教实习的基地。建成“机械加工产教实训中心”，在进行生产经营的同时还承担生产教学任务，实行工学相融的一体化管理
陕西航空技师学院	与深圳谷崧、中航工业云湖、中航工业青疗、汉中唐龙汽修等企业进行了深入的合作，开展定向培养班。举办校办工厂——国营龙航机电厂，学生在完成基本技能训练后，在第三学期开始就进入生产现场进行生产性实训。同相关企业进行长期的校企合作，通过见习实习、顶岗实习的过程实现课程与岗位对接

陕西省高等职业院校在产学研方面的探索已经取得了成果，开展了多种形式的产学研合作项目。实习基地、订单班、定向培养、合著教材等合作形式在被调研院校中已经十分普遍。

(3)教师参与产学研合作项目

调研组通过问卷，对被调研院校教师参与产学研合作项目的情况进行了调查分析，如图 2-10 和图 2-11 所示。

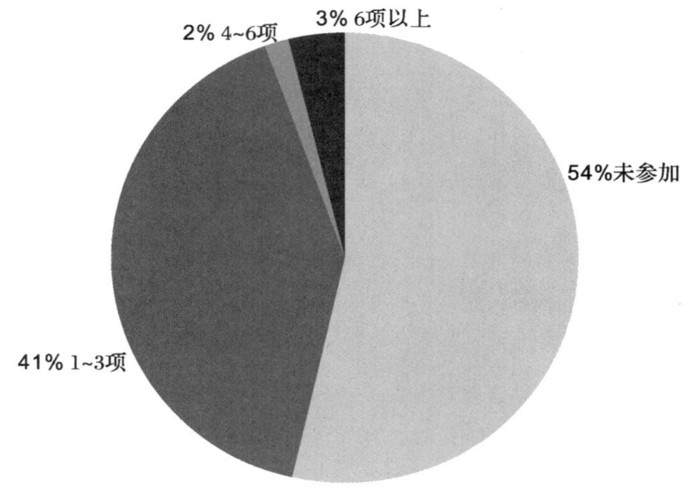

图 2-10　教师参与产学研合作的项目数量

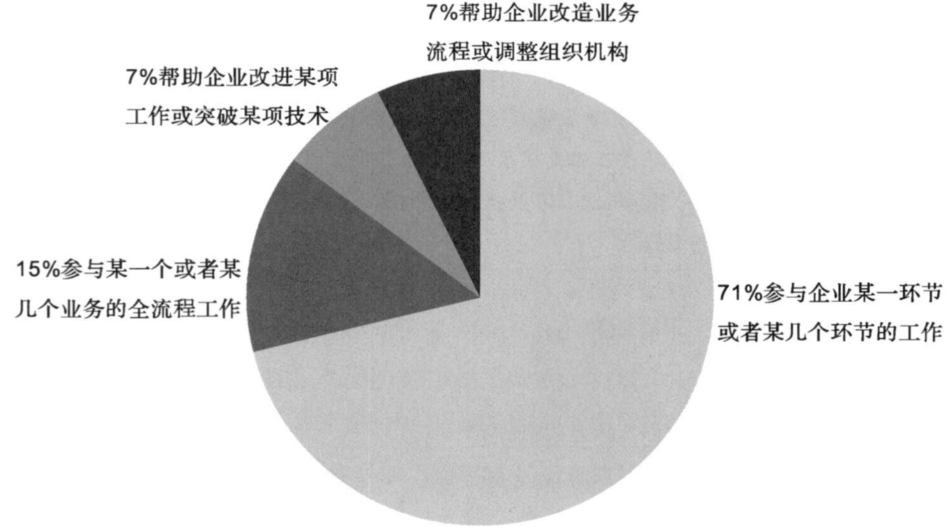

图 2-11　参与产学研合作项目的主要工作内容

2013 年 1 月至 2014 年 11 月，有 54%的被访教师没有参与过产学研合作项目，有 41%的被访教师仅参与了 1～3 项产学研合作项目。

在参与过产学研合作项目的教师中，有 71%的教师只是参与企业某一环节或者某几个环节的工作。

(4)吸引企业参与学校人才培养的难点

在与被调研院校和部分企业代表的访谈过程中，调研组了解到吸引企业参与学校人才培养的困难体现在以下几点。

①企业与学校的联系是自主结合，缺乏政策制度保障，比如劳动关系、劳动报酬、税费减免等法律法规都属于空白，校企双方的合作风险较大。

②受办学成本高、资金投入不足、社会认可度低等因素的影响，学校在合作中处于被动地位，议价能力低，选择面窄。

③学校的语境和思维方式与企业有较大差异。我们访谈过一些企业家和上市公司的 CEO，他表示企业一般不太在意高校在做什么，企业也很少聘请教授到公司去讲学，因为企业不知道他们在说什么。

(5)小结

陕西省高等职业教育院校的产学研工作已经有较为成熟的实践基础，但是产学研合作的模式有待深化。企业参与培养计划、内训课程嵌入和置换、与企业共同制订人才培养计划、合作共建实验室等只有点状突破，覆盖面不够，这也解释了教师参与产学研项目少、深入程度不高的现象。相对于轰轰烈烈的产学研合作项目而言，产学研深度融合的系统设计与规划是陕西省高等职业院校普遍欠缺的。

深化产学研合作，除了开展更深入的合作项目外，更要注重培养教师和学生的企业思维。这就需要引进更多的行业教师，鼓励教师赴企业挂职锻炼，在日常管理和授课中向学生们渗透企业的思维方式。

5. 师资队伍

调研组通过问卷，对被调研院校的师资情况进行了调查分析。

(1)师资队伍如何支撑应用型人才培养

受访教师中，从企业进入学校的教师只有 25%，来自于高校和其他事业单位的教师占到 75%(见图 2－12)。

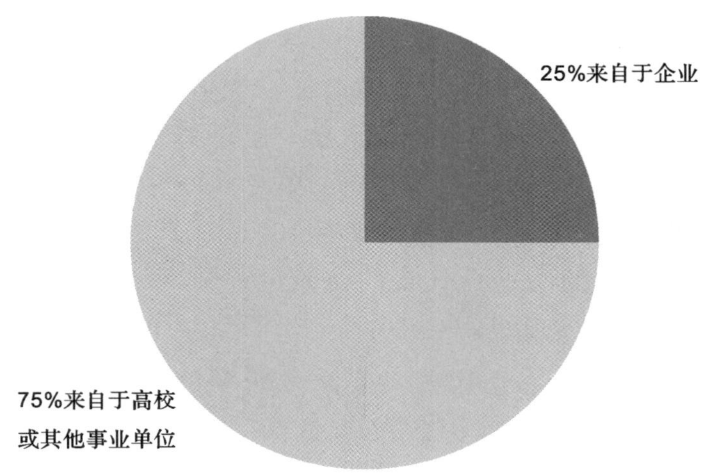

图 2－12　教师来源

受访教师中，39％的教师亲身考察过主要服务的产业群中的代表性企业，与企业交流过所需人才的素质和能力要求；58％的教师仅凭借常识、大众信息、有关的资料了解行业的发展（见图 2－13）。

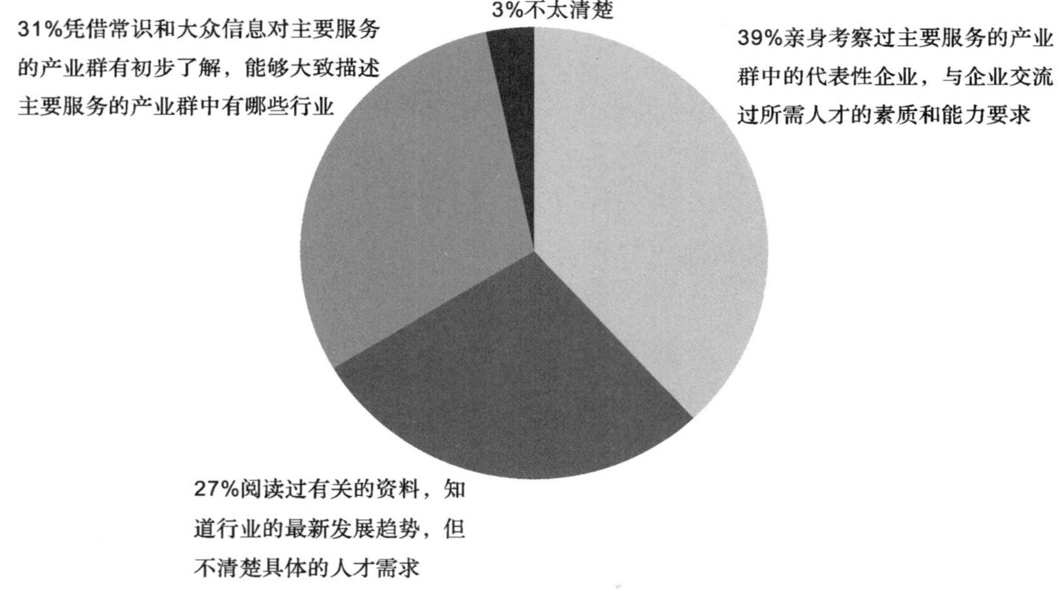

图 2－13　教师对所授专业主要服务的产业群的了解程度

受访教师中，71％的教师主要教授理论课（见图 2－14）。

（2）教师培训与发展是否与办学方向一致

受访教师中，有 49％的教师在一年内有过赴企业挂职或工作的经历；超过

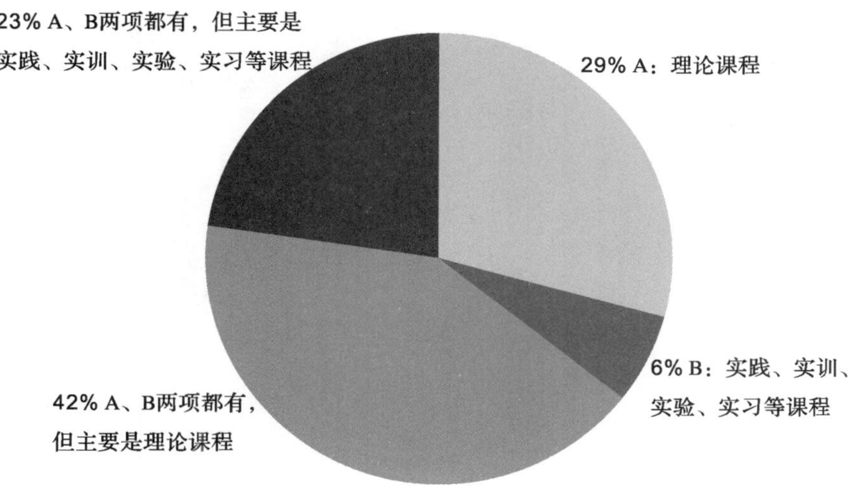

图 2－14 主要授课类型

两年没有赴企业挂职或工作的教师占 30％(见图 2－15)。

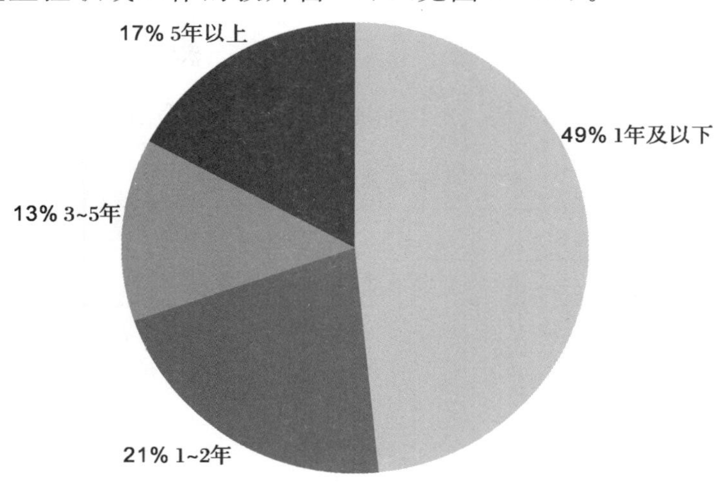

图 2－15 最近一次赴企业挂职或者工作距今有多久

51％的受访教师目前最强烈期待的职业突破方向是提升行业能力、增加行业经验。同时，教师对学历、职称的需求也很大(见图 2－16)。

(3)小结

陕西省高等职业教育院校的师资问题主要表现在行业师资较少，行业能力培养不够。调研组通过访谈了解到，陕西省高等职业院校已经认识到应用型的师资队伍是保障应用型教育的前提，从经费投入的分析中已经看出，人工费的比重最大，说明学校都在大力解决师资问题。但行业师资的引进和培养，除了经费，还受到劳动保障关系、岗位编制等体质的制约，这种制约对于公办的高等职

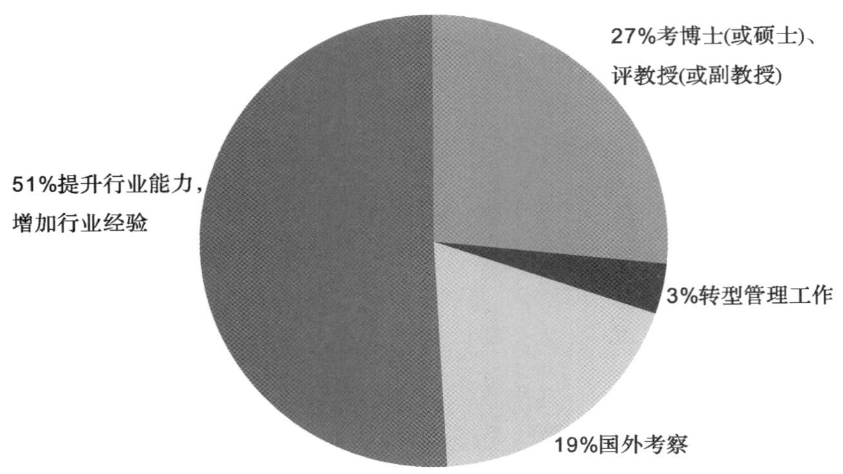

图 2-16　目前最强烈期待的职业突破方向

业院校更加明显。

6. 评估评价

(1)政府评估

教育部制定的"高职高专院校评估指标"如表 2-7 所示。

表 2-7　高职高专院校评估指标

一级指标	二级指标
1. 教育思想与办学机制改革	1.1 教育思想改革
	1.2 产学研结合
2. 人才培养模式改革与创新	2.1 专业设置与培养目标
	2.2 人才培养方案
	2.3 教学内容、方法手段改革
	2.4 职业技能、能力培训与考核
	2.5 职业素质教育
3. 专业建设	3.1 教师队伍建设
	3.2 实训基地建设
	3.3 教材建设
	3.4 学风建设
4. 质量管理	4.1 管理组织、队伍与制度
	4.2 就业服务与指导
	4.3 质量控制

续表 2－7

一级指标	二级指标
5.人才质量	5.1 知识、能力、素质
	5.2 社会声誉
6.特色或创新	

该指标中，“产学研结合”作为二级指标，明确出现在办学指导思想中，但是其他指标中未体现职业教育特征，指标设定未能体现后续工作任务对产学研结合教育思想的有效支持。

人社部针对技师学院提出的“国家级重点技师学院评估标准”如表 2－8 所示。

表 2－8 国家级重点技师学院评估标准

一级指标	观测点
1.办学方向	1.1 服务社会经济，促进就业
	1.2 培养高级技工、预备技师（技师）为主
2.办学条件	2.1 领导班子
	2.2 人数规模、建设规模
	2.3 学科规划与专业建设
	2.4 师资队伍
	2.5 办学经费
	2.6 后勤服务
	2.7 产学研合作
3.学院管理	3.1 管理制度
	3.2 教学研究与质量保障体系
	3.3 师资培养
	3.4 学生评价体系
	3.5 后勤服务体系
4.培养模式	4.1 校企合作（机构、制度、合作项目）
	4.2 课程建设
	4.3 校园文化
	4.4 评价机制

续表 2－8

一级指标	观测点
5.办学质量	5.1 职业证书获得率
	5.2 就业率
	5.3 技能竞赛获奖
	5.4 教师研究成果

该评估标准见于《人力资源社会保障部关于做好国家级重点技工院校评估工作的通知》(人社部发〔2013〕9 号),评估对象为国家级重点技工学校、国家级重点高级技工学校和国家级重点技师学院,分别有三套评估标准。这三套标准的体例和指标设计完全相同,最大差异体现在量化指标的标准不同,如国家级技师学院的培养规模是 8000 人,国家级重点高级技工学校的培养规模是 5000 人,带有明显的选拔功能和区分功能。

(2)院校内部考核方案

调研组收集整理了被调研院校提供的内部考核方案(见表 2－9)。西安航空职业技术学院和西安技师学院没有提供关于评估的资料。

表 2－9 被调研院校绩效考核方案

院校	绩效考核方案
陕西工业职业技术学院	二级学院(部)教学工作的量化考核,主要有人均教学工作量积分(35 分)、教学提升项目立项与完成情况积分(25 分)、教学管理积分(20 分)、学生技能大赛获奖情况积分(10 分)、招生工作积分(10 分)等五个方面组成,总分 100 分。其中教学工作量积分(35 分)的计算方法是按人均教学工作量由高到低排序;教学提升项目立项与完成情况积分(25 分)的计算方法是按二级学院(部)人均立项、结题教学提升项目数由高到低排序;教学管理积分(20 分)的计算方法是遵循教学规律,结合学院教学工作重心,从二级学院(部)日常规范管理、主要教学环节监控、实践教学管理、职业证书获取等四方面考核,每项 5 分。对专任教师的考核按“陕西工业职业技术学院专任教师年度考核量化得分表”中的考核内容进行量化积分,但是没有提供该得分表

续表 2－9

院校	绩效考核方案
陕西能源职业技术学院	对专任教师绩效考核评价的内容主要包括：职业道德水平（交流与合作、工作态度、服务与管理），教学工作（教学工作量、教学组织、教学效果），教研科研成果（教学研究、技术开发与培训），个人能力发展（行业联系、公共关系、专业能力提高）。考核标准按"专任教师工作绩效评价指标"执行，但没有提供该评价指标，也没有提供对二级院系的考核方案
陕西航空职业技术学院	对教师年度考核的内容包括德、能、勤、绩四个方面（详见表 2－10）。没有提供对二级院系的考核方案
汉中职业技术学院	以绩效工资分配实施方案作为对教师的绩效考核方案，绩效工资分为基础补贴和奖励津贴两部分，分别占绩效工资总量的 70％和 30％。基础补贴依据课时量和考勤情况判定。奖励津贴分为基本课时津贴和各类学习与活动的考勤津贴两个部分，课时津贴与职称挂钩。学院没有对二级院系实行绩效考核
西安商贸旅游技师学院	对教师的考核采取日常考核与年终考核相结合，日常考核重点放在教师出勤、工作量以及日常教学检查上。同时学校建立有一套完整的教学质量评估体系，从师德表现、教学效果、学生评教、教研教改等方面对教师的教学业务进行量化考核，年终结合学生管理及招生任务完成情况与绩效挂钩。学院没有对二级院系实行绩效考核
陕西航空技师学院	①对师德师风的评价，主要通过学生评教和家长调查进行；②教育理论、专业知识、教育教学研究水平和实际处理解决问题能力的评价，主要通过参与教学改革、教研论文、课题研究、教研活动等方式进行；③工作态度、勤奋敬业及出勤情况的评价，主要通过领导评价、教师互评、学生评教、教学督导等方式进行；④工作数量、工作质量的评价，主要通过教学工作量、学生考试成绩、教学常规检查等方式进行

表 2－10　陕西航空职业技术学院教师考核表

德（20 分）	10 分	师德师风、教书育人
	10 分	教学严谨、关爱学生
能（20 分）	5 分	理论基础、教学规范
	5 分	启发思维、研究创新
	10 分	课堂组织、教学方法

续表 2－10

勤(20分)	10分	教学准备、教学投入、教学进度
	5分	劳动纪律
	5分	政治业务学习、参加集体活动
绩(40分)	10分	任务完成
	10分	教学效果
	10分	教改教研
	5分	科研项目、论文、获奖
	5分	学生管理工作

(3)教师的绩效考核内容

通过对教师进行问卷调查，调研组罗列了七项考核内容，让受访教师依照自己的考核的比重进行排序。综合179名教师的排序，排在第一位的是授课任务，后面依次是科研论文、技术专利、产学研合作、学校行政工作、企业或社会服务、比赛获奖或者指导学生比赛获奖。

(4)小结

教育部对于高等职业院校的评估指标和人社部对技师学院的评估指标，有一个共同的特点，即更加强调投入和教学规范，对于学校的顶层设计，比如战略规划、办学定位等没有起到强有力的引导作用。

从调研组收集的资料来看，被调研院校对于教师的考核缺乏具体指标和评价标准，教师绩效与院校目标的一致性无从体现。通过问卷调查发现，调研院校内部的绩效考核没有对二级院系和教师产生明显的导向，不能促使他们向产学研、应用型教学工作倾斜，现在教师最重要的工作仍然是授课和科研论文。

7. 困难与问题

通过座谈、问卷、非正式的沟通交流等方式，我们了解到目前高等职业教育还面临以下发展困境。

(1)内部管理环境复杂

高职院校归教育部门管理，技师学院归人社部门管理。但实际上高等职业院校的内部管理环境更为复杂和多元，人、财、事归属于不同的上级部门管理，院校内部难以形成合力。

(2)上级管理部门协同困难

职业教育发展涉及教育、人社、工商、发展改革、税务等多个部门。但目前的情况是，各行政部门之间缺乏协调联动机制，难以在政策、资源上进行有效配合。

(3)技工教育未纳入学历教育

这对技师学院的招生、就业、毕业生升学深造、社会认可度等都有严重的影响。因为不是学历教育也无法享受到生均教育拨款和教育费附加。

(二)思考与建议

1. 经费预算

陕西省高等职业教育的生均经费不足，在教育经费分配上，政府对高等职业教育的投入远低于普通高等教育。高职院校办学成本高，而全国大部分地区尚未落实对高职院校的生均拨款，因此学费一直降不下去。

虽然网络上经常有“月薪万元招不到好技师”的报道，但调研组至今都没有找到证实该报道真实性和普遍性的有力证据。调研组从被调研的技师学院了解到，月薪过万的技师主要是高级技师，高级技师一般要求从事该工种累积达到10年以上。麦可思研究院发布的《2014 年中国大学生就业报告》显示，2014 年全国本科毕业生起薪为 3560 元/月，专科毕业生起薪为 2940 元/月。可见对于大部分考生来讲，就读高职院校的投入高、收益小。

被调研的 8 所院校都提出办学经费已经成为提升办学质量的瓶颈。引进和培养行业教师，深化产学研合作，基础建设和实验室建设都需要大量的经费。

增加职业教育经费不能简单呼吁，也要考虑到公共财政的负担。职业教育经费不能只从教育部门预算中增加，更难以因为职业教育而增加政府整体预算的规模。对此我们提出如下建议。

①预算编制。与职业教育发展有关的政府部门，如教育、财政、人社、工商、发展改革委等部门均设立专项预算。这样既增加了职业教育经费预算的整体规模，又优化了经费结构。

②预算调配。由省人大预算工作委员会成立职业教育经费拨款工作组，依据陕西省职业教育发展规划对各政府部门的职业教育经费预算进行统一调配。

③预算拨付与监督。职业教育经费拨款工作组是学校和政府各部门的连接枢纽，不仅负责职业教育经费的统筹规划，还负责经费拨付和使用情况监督，以减少政府部门对院校的重复评价，增加院校的办学自主空间。

2. 管理环境

高等职业院校尤其是技师学院现行的是多头管理体制，学校难以依据市场和环境需要调配人力资源和经费预算。在没有明确目标和责任的情况下，多头管理容易出现责任分散、内耗严重、缺乏统筹、效率低下、注重短期的弊病。对此我们提出如下建议。

①推动建立陕西省职业教育工作厅际联席会议制度。联席会议由省教育厅、省发改委、省经贸委、省人社厅、省财政厅等多个部门组成。联席会议将在省人民政府的领导下，统筹、规划、协调全省职业教育工作，与学校一起研究制定职业教育发展政策和方向，增强政府部门间的统筹协调，打破条块分割的行政体系，提升职业教育对地方社会经济的服务能力。

②成立陕西职业教育咨询智库。利用第三方的平台和资源优势，联系政府、产业、学校等各界社会贤达，整合智力资源，以咨询项目的方式，为陕西职业教育发展出谋划策。

3. 职业教育“立交桥”

高等职业教育吸引力不足的一个重要原因是职业教育无法与普通教育贯通，职业院校毕业生的学历提升空间不足，导致考生不愿意报考职业院校。根据教育部《现代职业教育体系建设规划（2014—2020 年）》的要求，在办好现有专科层次高等职业（专科）学校的基础上，发展应用技术类型高校，培养本科层次职业人才，原则上现有专科高等职业学校不升格为或并入普通高等学校。在陕西省高职高专院校不升本的情况下，必须从招生制度上打通中职、高职、本科的流动通道。

对此我们提出如下建议：在陕西省招生考试制度改革总体框架内，对于报考应用型本科的三校生和高职毕业生给予政策倾斜，扩大专升本的录取比例，建立陕西省高职院校与应用技术类型试点本科院校的学分互认机制，推动高职与应用型本科无需考试无缝对接，同时学分互认将促使高职院校提升自身办学质量，以达到本科院校的学分互认标准；支持具备条件的应用型本科高校举办（扩大）专业学位研究生教育，探索建立“应用型本科—专业学位研究生”一体化人才培养体系。

4. 评估评价

目前对高职院校和技师院校的评估指标设定强调事实和投入，注重规范和统一，这对于基础办学条件建设和教学活动规范有一定帮助，但难以引导院校围绕企业需求发展自身特色。并且学校内部的绩效考核体系也不完善，考核指标粗放，缺乏应用型人才培养的导向作用。

另外，由于当前多头管理的体制，很多政府部门都对学校进行评估和检查，这些评估和检查从评估主体的业务视角出发，在一定程度上保障了国家政策的落实，也大大增加了学校的工作量，对鼓励学校发展自身特色、提升学校整体的办学质量缺乏指导和帮助。

对此我们提出如下建议：建立以服务地方经济、培养高质量应用型人才为导向的新型评估指标体系，鼓励高职院校和技师院校根据自己的特色和优势个性化发展。在建立评估指标体系时要注意以下几点。

①评估指标的核心作用是明确被评估院校的办学定位和战略规划，完善基础办学条件的建设，提高教学资源投入与人才培养目标的匹配度。

②应依照战略思维搭建指标结构，强调资源和目标之间的有效匹配，注重效率与产出，杜绝投入性指标的简单堆砌。

③要广泛参考国内外主流的职业教育评估指标，针对应用型人才培养的特点，结合陕西省地方本科院校的实际情况，进行指标内容设计。既要引导被评估院校的特色发展，又要审视基础办学条件的建设，还要促进院校以市场和客户为中心进行持续改进。通过信息化手段做好知识管理，抓取和生成有效的数据，为评估提供测量基础。逐步建立起以评估为目标、以数据为基础的质量保障体系。

陕西省教育厅出台了应用型本科评估指标体系（试点），对建立陕西省高等职业教育评估指标体系有很强的借鉴价值。

5. 职能转变

通过以上数据分析发现，陕西省高等职业教育更加注重面向就业培养人才，学生的升学需求无法满足；校企合作项目多，社会培训服务少，难以满足学校所在区域的教育培训需求。为了提升陕西省高等职业教育的人才培养质量，应对人才进行分类培养，因材施教。借鉴美国社区学院的做法，社区学院的主要职能分为三种，分别是培养应用型、技能型人才，社区服务和转学教育。建议我省高等职业教育院校的主要职能为：

①培养面向职场的高素质应用型人才；

②提供与应用型本科院校学分互认的通识教育课程和专业基础课程；

③为所在区域和有关产业提供教育培训服务。

这三项职能不是泾渭分明、各自独立的，而是相互联系、相互渗透的，以实现各种资源的共享和最大化使用。

6. 增强院校领导力

院校自身的领导力也不容忽视。调研组在实地调研、资料收集的过程中发现，被调研院校在内部管理方面还存在不少问题。对此我们建议高等职业院校应着力加强以下几方面工作：

①提高战略规划的能力；

②形成以市场和客户为中心的思维；

③建立与战略目标相匹配的预算管理和绩效管理；

④进行知识管理与数据分析；

⑤开展支撑应用型人才培养的师资队伍建设；

⑥提高围绕产业和区域经济发展、以市场为导向的职业教育服务能力；

⑦开展信息化建设。

7. 配套政策

发展高等职业教育，离不开配套政策的支持。

①在高等职业院校全面推广劳动合同制度，让签订劳动合同的员工与拥有事业编制的员工享有同等的劳动保障待遇。

②改革考试招生制度，扩大三校生和专升本的招生比例；建立陕西省高职院校与应用技术类型试点本科院校的学分互认机制，推动高职升本“2＋2”学制试点；赋予应用型本科更大的招生自主权，促进高职院校毕业生与应用型本科院校的招生衔接，逐步建立高等职业教育与普通高等教育的“立交桥”。

③出台促进企业与学校合作的有关政策，在税费、政府采购、社保等方面为参与职业教育的企业提供政策支持。

④民办高等职业教育院校应该享受与公办院校一样的生均拨款，促进高等教育多样化发展，保障教育公平。

（执笔：张亚平、胡建波）

二、加快构建陕西现代职业教育体系调研报告

通过从办学规模、办学条件、专业设置、师资队伍、就业情况等5个维度对陕西职业教育进行调研，了解了陕西职业教育的基本情况及陕西职业教育改革发展的举措与成效，分析了当前陕西发展现代职业教育存在的问题。最后从确立职教战略地位、改革招生制度、统筹管理、师资队伍建设、完善配套政策、优化职教发展环境等6个方面对加快发展陕西职业教育给出建议。

(一)陕西职业教育基本情况

截至2013年底,陕西省各级各类职业院校共605所。其中,中等职业学校有567所,独立设置的高等职业院校有38所,另有职业培训机构9407个。

1. 高等职业教育

截至2013年底,陕西省独立设置的高等职业院校共38所,其中省教育厅主管的有11所,行业或其他部门举办的高职院校有6所,市属高职院校有11所,民办高职院校有10所。如图2-17所示。

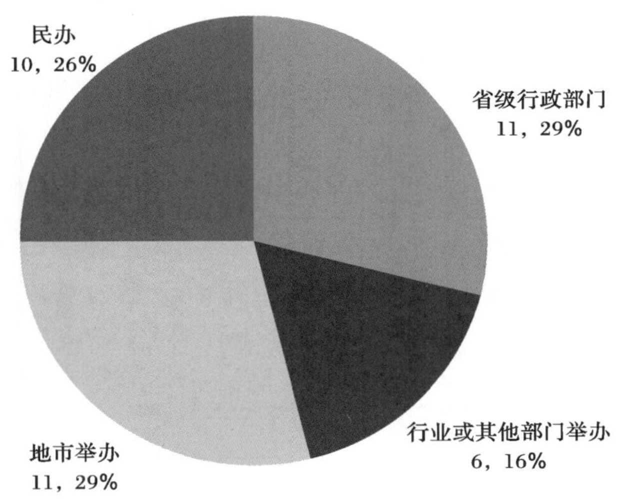

图2-17 陕西省高职院校类型分布

(1)办学规模

截至2013年,陕西省38所独立设置的高职院校共有878个专业招生,不含"3+2"和专业方向,招生120793人,在校生236457人(见表2-11)。

表2-11 陕西省独立设置的高职院校2013年招生与生源统计表

院校类别	院校数量	全日制高职专业设置/个(不含方向)	全日制高职招生专业/个(不含方向)	全日制高职招生/人	生源/人					全日制普通高职在校生总数/人
					普通高中生	"三校生"单招	"3+2"招生	五年制高职第4学年	其他	
国家示范(骨干)	6	272	261	30217	25973	670	1350	1324	900	72786
省级示范	8	235	177	28056	22797	747	2312	2100	100	58819
其他	24	495	440	62520	48857	2100	4696	5907	960	104852
合计	38	1105	878	120793	97627	3517	8358	9331	1960	236457

(2)办学条件

陕西省独立设置的高职院校办学资源总量及生均数如表2-12和表2-13所示。

表2-12 2012~2013学年陕西高职院校办学资源总量

占地面积/m^2	总建筑面积/m^2	教学行政用房总值/m^2	学生宿舍总面积/m^2	教学科研仪器设备资产总值/万元	教学用计算机台数/台	多媒体、语音室座位数/个	纸质图书总数/万册	电子图书总数/GB
15720100.88	8119913.9	3928926.38	2088349.28	172240.73	50053	167078	1638.01	82004.45

表2-13 2012~2013学年陕西高职院校办学资源生均数

生均占地面积/(m^2/生)	生均宿舍面积/(m^2/生)	生均教学行政用房面积/(m^2/生)	生均教学科研仪器设备值/(元/生)	百名学生配教学计算机台数/台	百名学生配多媒体、语音室座位数/个	生均纸质图书数/(册/生)	生师比
66.48	8.83	17	7284	21	71	60	16.4

(3)专业设置

截至2013年,陕西省各高职院校共开设高职专业1105个(含专业方向),校均专业数约29个,专业在校生平均人数约213人。但同时存在着部分专业人数较多,大多数专业均衡,个别专业招生不理想的现象。陕西省高职院校共开设的1105个专业覆盖全部高职教育18个专业大类,具体分布如图2-18所示。

陕西省专业布局紧紧围绕省"十二五"发展规划中重点发展的产业需求,其产业分布情况如下:面向现代农业的专业有25个,占专业总数的2.26%;面向能源化工产业的专业有98个,占专业总数的8.87%;面向装备制造、交通运输业的专业有239个,占专业总数的21.63%;面向新兴产业的专业有276个,占专业总数的24.98%;面向传统产业的专业有191个,占专业总数的17.29%;面向服务业的专业有276个,占专业总数的24.98%。如图2-19所示。

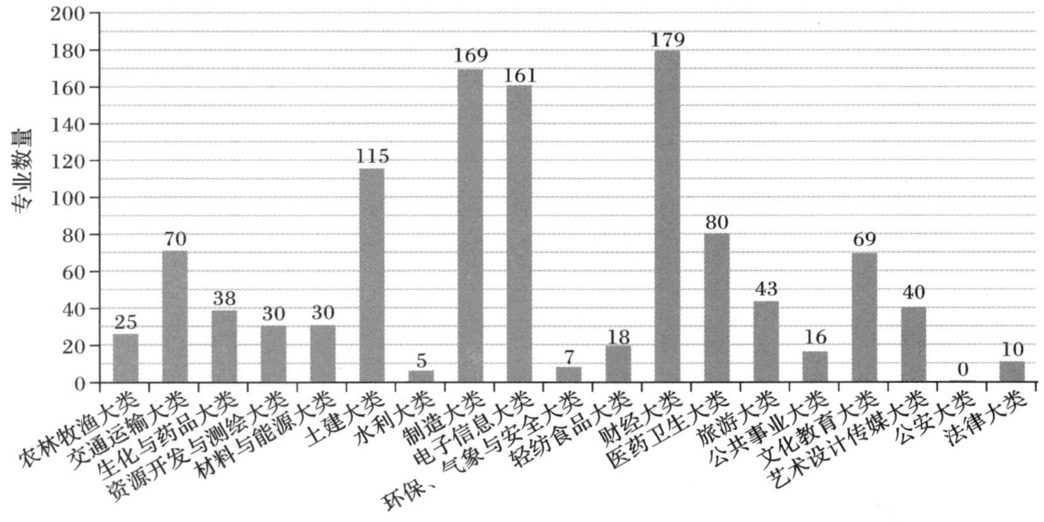

图 2-18 陕西省高职院校设置专业所属专业大类分布图

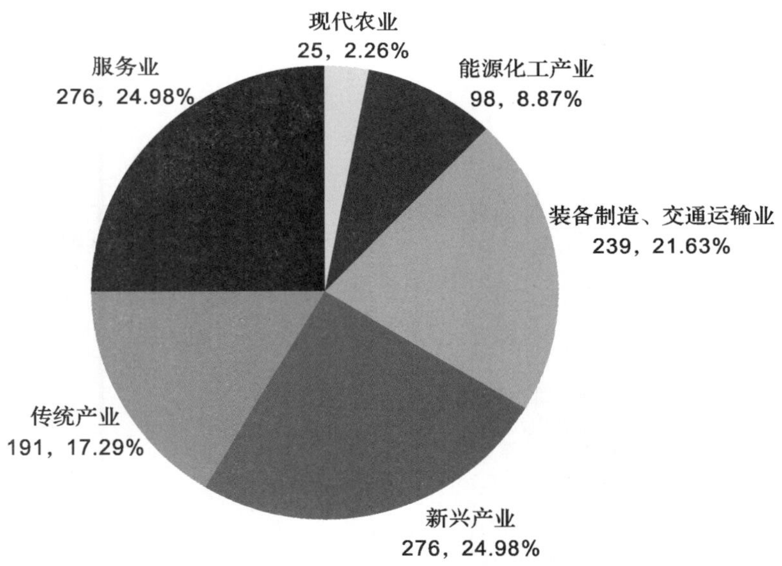

图 2-19 陕西高职院校专业面向重点发展产业的分布情况

(4)师资队伍

2013 年陕西独立设置的高职院校教师中，专任教师约 10454 人，占 62.94%；校内兼课人员约 1369 人，占 8.41%；校外兼职教师约 3098 人，占 18.65%；校外兼课教师约 1661 人，占 10%。如表 2-14 所示。

表 2-14 陕西省高职院校师资队伍整体情况

院校分类	教师总数	校内专任教师		校内兼课教师		校外兼职教师		校外兼课教师	
		人数	比例/%	人数	比例/%	人数	比例/%	人数	比例/%
公办	13233	7972	60.24	1248	9.43	2750	20.78	1263	9.54
民办	3376	2482	73.52	148	4.38	348	10.31	398	11.79
合计	16609	10454	62.94	1396	8.41	3098	18.65	1661	10.00

2013 年陕西省高职院校校内专任教师共计约 10454 人，按照年龄结构分，35 岁以下的占 49.34%，36 岁到 45 岁的占 23.40%，46 岁到 60 岁的占23.69%，60 岁以上的占 3.57%；按照学历结构分，博士研究生占 1.12%，硕士研究生占 27.12%，本科学历占 69.75%，其他占 2.01%；按照职称结构分，高级职称教师占到 29.24%，中级职称占 43.93%，初级职称占 26.83%。总体专任教师学历、职称较 2012 年有所提升(详见图 2-20 至图 2-22)。

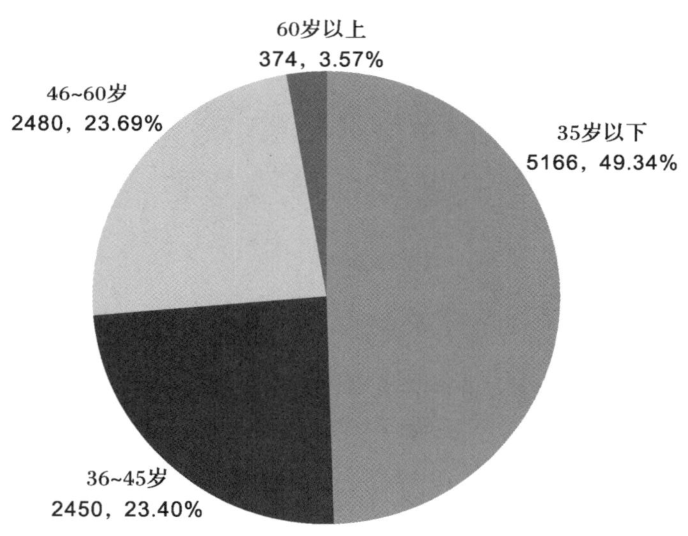

图 2-20 高职院校专任教师年龄结构图

陕西省高职院校双师素质专任教师人数约为 4544 人，占专任教师总数的 43.47%。按照院校分类统计双师素质情况如表 2-15 所示。

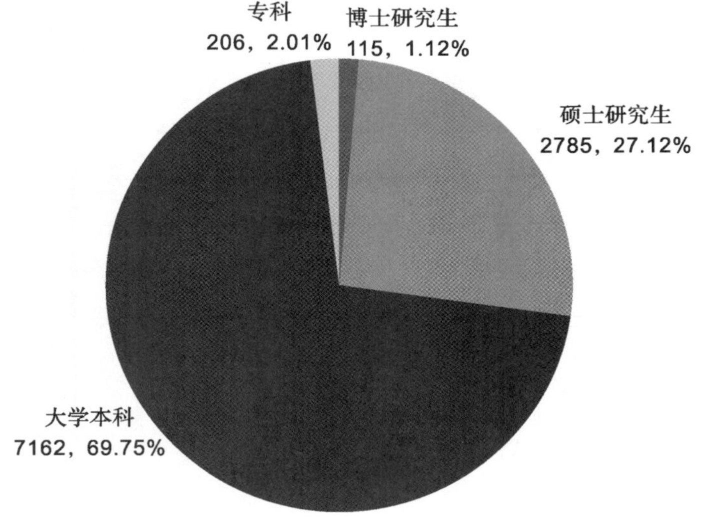

图 2-21 高职院校专任教师学历结构图

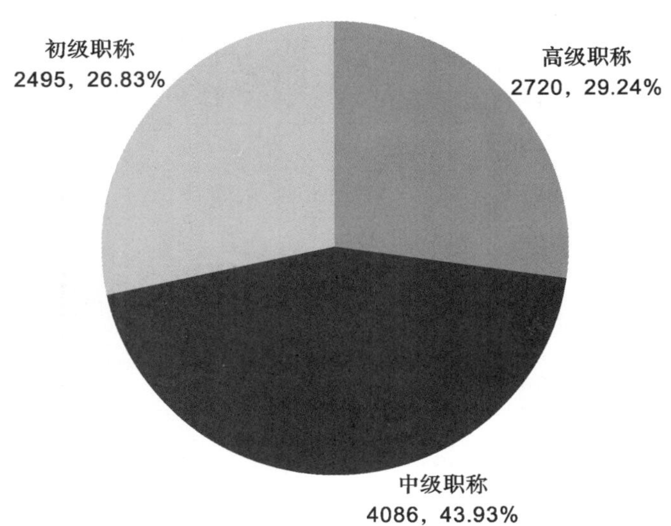

图 2-22 高职院校专任教师职称结构图

表 2-15 陕西省高职院校双师素质教师比例分析表

院校分类	专任教师总人数	双师素质专任教师	
		人数	比例/%
国家示范(骨干)	2624	1402	53.43
省级示范	2486	1138	45.78

续表 2-15

院校分类	专任教师总人数	双师素质专任教师	
		人数	比例/%
其他	5344	2004	37.50
公办	7972	3677	46.12
民办	2482	867	34.93
合计	10454	9088	43.47

(5)就业情况

2012 年,陕西省独立设置的高职院校应届毕业生就业率为 92.21%,对口率为 66.93%,相比 2011 年就业率提高 0.93%。陕西省高职院校应届毕业生获中高级技能证书的比例平均达到 57.40%,具体分析情况如表 2-16 所示。

表 2-16 陕西省高职院校应届毕业生获取职业资格证书的情况

院校分类	毕业生总数	获得证书的毕业生数		获得中高级证书毕业生数	
		人数	比例/%	人数	比例/%
国家示范(骨干)	18933	18818	99.39	12171	64.28
省级示范	17368	16109	92.75	10423	60.01
其他	21402	17378	81.20	10525	49.18
公办	47752	43980	92.10	26924	56.38
民办	9951	8325	83.66	6195	62.26
合计	57703	52305	90.65	33119	57.40

2. 中等职业教育

陕西省 567 所中等职业学校中,教育部门管理的重点职业学校有 316 所。其中,普通中专 45 所(省属 24 所、市县属 21 所),成人中专 8 所(省属 4 所、市县属 4 所),职业高中(职业中专)147 所(省属 3 所、市县属 144 所),民办职业学校 116 所(全部属市县管理),其分布情况如图 2-23 所示。

(1)办学规模

截至 2013 年底,陕西省 567 所中等职业学校招生人数为 21.43 万人,在校生人数为 60.56 万人(见图 2-24)。与 2010 年比较,在校生人数减少了 29.44 万人,减幅为 32.71%,出现了办学规模下滑的形势。

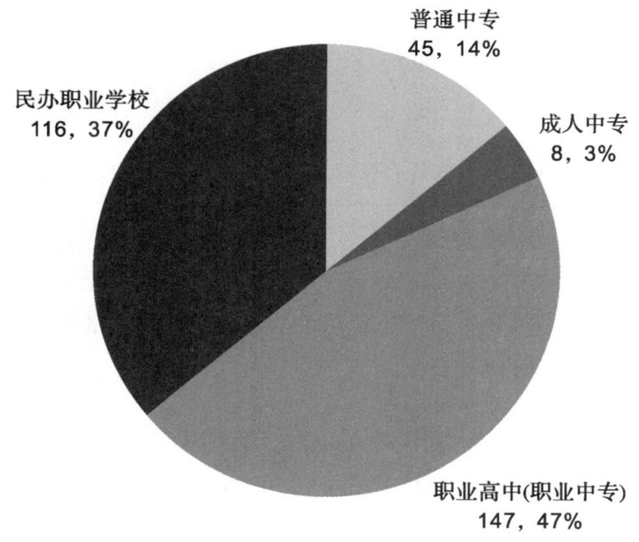

图 2－23 陕西省教育部门管理的中等职业学校设置分布情况

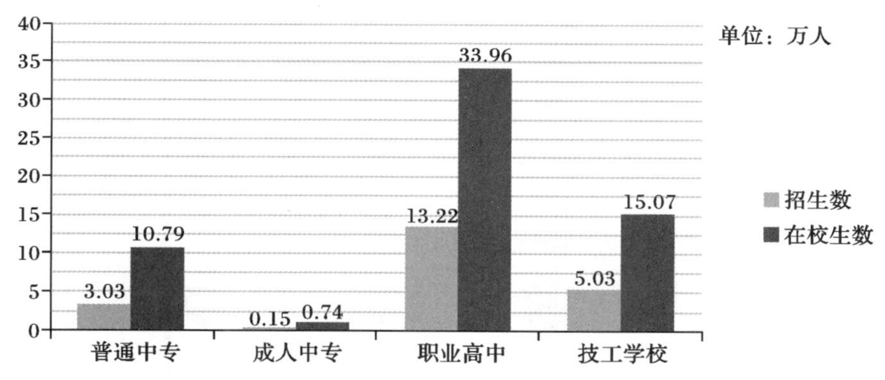

图 2－24 2013 年陕西省各类中等职业学校招生、在校生情况

(2)办学条件

2013 年陕西省中等职业学校(不含技工院校)校舍面积为 1412.43 万 m^2，生均 31.05 m^2；建筑总面积 677.46 万 m^2，生均 14.89 m^2；教学实习设备总值 143220.98万元，生均 3148.70 元；教学用计算机 7.88 万台，生均 0.17 台；图书藏量 1030.68 万册，生均 22.65 册；教职工总数 26374 人，其中专任教师 18368 人，中级职称以上人数 10938 人，占专任教师总数的 59.55％；生师比为 17.25∶1；“双师型”教师 4204 人，占专任教师总数的 22.89％。

(3)专业设置

目前陕西省中等职业学校开设的专业涵盖制造类、信息技术、能源化工、医药卫生、交通运输、农林、资源与环境、财经服务、公共管理与服务等19个大类。其中，7个大类专业的在校生规模达2万人以上，制造、信息技术和医药卫生等三类专业在校生达6万人以上(见表2-17)。

表2-17 2013年陕西省中等职业学校7大类专业在校生人数情况

专业大类	信息技术	制造类	医药卫生	教育类	农林牧渔	交通运输	文化艺术
在校生数	84826	72729	61303	45615	42132	39886	20666

(4)就业情况

“十二五”以来，陕西省各类中等职业学校共向社会输送毕业生85.4万人，三年平均就业率达96.22%。2013年，陕西省中等职业学校毕业生25.75万人，就业率为96.43%。据不完全统计，2013年有69.05%的学生在省内就业，30.77%在东部沿海地区就业，还有0.18%在境外就业(见表2-18)。

表2-18 2013年陕西省中等职业学校毕业生就业分布统计表

毕业学生/人	就业学生/人	就业率/%	就业学生中就业去向分组(一)		就业学生中就业去向分组(二)		就业学生中就业去向分组(三)	
			去向	占比/%	去向	占比/%	去向	占比/%
123167	119312	96.87	各种所有制性质的企事业单位	67.70	第一产业	15.91	本省	69.05
			合法从事个体经营	18.54	第二产业	34.97	省外	30.77
			升入高一级学校	13.77	第三产业	49.12	境外	0.18

3.短期培训

陕西省共9407所职业技术培训机构，主体为乡(镇)、村成人文化技术学校。通过实施“人人技能工程”“阳光工程”“雨露计划”“新型职业农民”等专项技能培训，据统计，2013年达到138.75万人次。

(二)陕西职业教育改革发展的举措与成效

近年来，陕西省职业教育始终认真贯彻国家教育规划纲要提出的加快发展现代职业教育的战略部署，全面落实省委省政府提出的“巩固教育大省的地位不动摇、实施教育强省的战略不动摇、坚持教育富民的方针不动摇”要求，不断加强基础能力建设，提升教育教学质量，有效推动了陕西省职业教育的改革发展。

1. 以推进示范性院校建设带动全省职业教育发展

以国家示范性高职院校建设项目、国家级示范中职项目为契机，陕西已有6所高职院校、34所中职学校跻身国家级示范校建设行列。经过几年的示范项目建设，国家级示范校在向办学特色鲜明、专业特色凸显、校企深度融合、提升办学实力、具有全国影响的高职院校发展，不断发挥国家示范院校的示范、引领、带动作用。同时，陕西省紧跟教育部示范校建设计划的步伐，启动实施陕西省示范性高等职业院校建设计划和省级示范性中职学校建设项目，现已先后立项建设省级示范性高职院校11所，支持建设省级示范性中职院校57所。通过省级示范性院校建设，明显提升了陕西省职业院校的综合实力以及为区域经济社会发展和产业升级改造服务的能力，带动了其他职业院校更好地从行业、企业的岗位需求出发，有目标、有计划地培养更加符合区域经济建设和社会发展急需的技术技能人才。

2. 以职业教育集团化办学助推校企合作体制机制创新

以校企合作体制机制创新为重点，深入推进学校办学体制和运行机制改革。通过探索职业教育集团化办学，全省已建成行业性与区域性职业教育集团25个，吸纳中高职院校、行业协会、企业及科研机构1124个。集团内中等、高等职业学校在校生规模达到59.6万人，占到全省中等、高等职业教育总规模的一半左右。集团内学校为企业培训职工20.1万人次，向职业教育集团内企业输送毕业生22.5万人，安排顶岗实习33.5万人次。2010年，在不断推进职业教育办学体制改革的进程中，陕西省“探索职业教育集团化办学”成功被列为国家教育体制改革试点项目，省内20所职业院校参与试点。在探索实践过程中，通过举办陕西职业教育与相关行业对话论坛活动，引导职业院校加强与行业、企业的深度合作，形成了一批校企融合的典型案例和经验做法，为进一步推进职业院校办学体制和运行机制改革加装了助推器。

3. 以基础能力提升工程促进服务产业发展能力

在中等职业教育方面，通过实施“民生八大工程”项目，每年安排2.25亿元专项资金支持中等职业教育基础能力建设。2008年以来，省财政安排专项资金15.75亿元，支持中职院校基础能力提升工程，建成中职学校专业性实训基地82个，示范专业306个，各市综合性实训基地建设及县级职业教育中心建设任务基本完成，职业院校办学条件明显改善，办学水平显著提高。在高等职业院校方面，陕西省围绕陕西主导产业发展和关中—天水经济区建设需要，通过优化专业布局，在继续加强国家示范（骨干）高职院校专业建设的基础上，推进省级重点专业、实训基地建设等项目。现有国家示范（骨干）高职院校重点专业23个，中央财政支持专业提升产业服务发展能力建设项目专业36个，中央财政支持实训基地项目42个，省级高职教育重点专业254个，省级重点实训基地105个，基本形成了服务于产业和社会各项事业发展的国家级、省级、院级重点专业三级递进建设体系。总体上，陕西省职业教育的社会吸引力和影响力逐步扩大。

4. 以师资队伍建设促进教学质量不断提高

结合区域产业结构调整和优化升级的需求，陕西省实施职业院校教师素质与教学能力提高计划，以进一步加快建设能适应新时期职业教育改革和发展需要的职业教育师资队伍。依托西北农林科技大学、陕西科技大学和陕西工业职业技术学院3所国家职业教育师资培养培训重点建设基地，以及国家示范（骨干）院校及各师资培训站，积极开展省级骨干教师培训工作。"十二五"以来，全省共培训专业骨干教师和教学管理人员4750名，培训校长400余名。通过培训，全面提高教师的教育教学水平和实践教学能力。同时，各职业院校不断加强与企业的联系合作，提高具有实践经验的专业技术人才和高技能人才担任兼职教师的比例。总体上，逐步优化教师队伍结构，具有职教特色的师资队伍正在形成。

5. 以深化教学改革促进职业人才培养质量稳步提升

针对行业企业对技术技能人才培养的要求，通过引入职业资格标准、修订完善人才培养规格标准，引入行业标准、修订完善专业建设标准，引入企业核心技术、完善专业核心课程标准，引入行业企业专家、组建专兼结合的双师教学团队，引入企业深入参与办学和教学、建立校企多层次合作机制，陕西省职业院校积极探索"专业对接产业、课程内容对接岗位要求、教学过程对接生产过程、学历证书对接职业证书、职业教育对接终身学习"，系统分析行业职业岗位知识、能力、素质要求，校企共同构建专业课程体系，完善工学结合的人才培养体系。为了切实增强学生的职业能力与素养，不断强化实践育人环节，注重发挥文化育人功能，主动将行业、企业、职业等要素融入校园文化，强化职业道德和职业精神培养，促进学生知识、技能、职业素养协调发展。2011～2013年，每年有近200所职业院校的3000名选手参加全省职业院校技能大赛，参加全国职业院校技能大赛的获奖数量和层次逐年攀升。其中的典型案例如下。

①陕西工业职业技术学院通过校企联合制定培养方案、联合打造教学团队、联合开发课程教材、联合实施双向管理、联合构建评价体系以及联合设立奖助学金的"校企六联合",与世界500强、全球第二大食品公司——美国卡夫食品公司在华子公司合作开展"亿滋"订单班人才培养模式,实现校企合作跨国联手、校企共育国际人才。该校在课程改革方面,基于岗位职业标准,联合陕西兴化集团有限公司等多家企业,以培养岗位核心"三能力"为目标,构建"三融合"课程教学模式,推行"四结合"课程教学方法,三层递进培养、九项技能训练,人才培养质量逐步提高。学生连续两年获全国技能大赛奖项,课改项目获全国行业教学成果一等奖,课改实践催生国家实用新型专利,专业教学团队行业影响大幅提升。

②陕西能源职业技术学院、延安职业技术学院始终服务煤田、油田等艰苦行业发展,以对专业人才的需求为出发点,通过校企深入开展"四合作",共建"校中厂、厂中校"校内外实训基地,为人才紧缺型产业发展背景下的行业企业输送优质人才。特别是在提高艰苦行业输出人才质量、为企业提供技术服务支持、对行业开展师资技能培训等方面取得了明显成效,对地质勘测类专业建设具有辐射带动作用。

③杨凌职业技术学院推行的"EPI"人才培养模式改革,通过两年在校理论学习训练、半年工学交替综合训练和半年顶岗实习的工学结合人才培养模式,构建了"二系统、三层次、三方向"的课程体系,有效形成了"励志石羊班"等校企共育人才机制。

④陕西国防工业职业技术学院依托陕西国防工业职教集团,充分发挥模具行业协会指导作用。在探索践行校企深度合作过程中,通过共建"厂中校"实习基地、共同研讨专业建设、开发人才培养方案和课程体系等,形成了校企合作工作站+行业协会"双轮驱动"模式与机制。

⑤陕西交通职业技术学院创新完善校企合作机制,提出了"绑大企、强核心、多渠道"的校企合作措施。在合作过程中突出企业地位,支持企业生产,服务企业技术,聘请企业专家,已与国际知名企业韩国三星半导体公司、美国美光半导体电子公司等建立合作关系,共筑共享育人服务平台。

⑥陕西铁路工程职业技术学院推行崇尚技能的实践育人模式,借力各级各类技能竞赛平台,苦练本领,不断提升职业技能和素质水平。在代表陕西省参加全国职业院校技能大赛中连续两年获得一等奖,各级各类竞赛的名次数、获奖数逐年攀升。

⑦西安铁路职业技术学院以轨道交通职教集团为依托，校企共建“四位一体”实训基地，共创“工学结合 2＋1”人才培养模式改革，共构工作过程导向课程体系，共商人才培养方案。“双向挂职”建立专兼结合双师团队，共育高素质技能人才，共享专业优质资源。通过校企共同参与项目建设，实现校企深度融合，提升专业服务产业发展能力。

6. 以增强技术服务能力满足社会多样化发展需求

陕西省职业院校不断探索校企多种合作方式，推进人才培养与经济发展相结合、专业建设与产业发展相结合、学校资源与社会资源相结合、学校专业人才与行业企业工程人才相结合的合作模式，增进经济发展、人才培养、专业发展和社会服务等多种效益共赢的效果，搭建教师与企业合作开展应用性技术研究的平台，引导教师面向社会开展技术培训；为企业技术服务年收入超过千万元，为企业年培训员工人数超过万人；广泛开展“人人技能工程”及“新型职业农民”培训，三年来培训农村新增劳动力 22.4 万人，满足了区域经济社会多样化发展需求。

(三)陕西推进现代职业教育体系建设的新举措

自《国家中长期教育改革和发展规划纲要(2010－2020 年)》提出构建现代职业教育体系的目标、党的十八大明确要求“发展现代职业教育，加快构建现代职业教育体系”，到 2014 年全国职教会议的召开、《国务院关于加快发展现代职业教育的决定》的颁布，陕西一直积极探索现代职业教育体系建设的途径和实现形式。近几年，通过加强基础能力建设强化职教整体实力、优化专业提升服务产业能力、推动集团化办学促进校企深入合作、深化教育教学改革提高人才培养质量、增强技术服务能力满足多样化需求等，为推进陕西建设现代职教体系奠定了良性发展基础，特别是在推进中高职衔接，逐步完善职业人才衔接培养体系方面取得了一些初步进展。

一是制度改革层面，加快建立职业教育人才成长“立交桥”的步伐。2012 年陕西省教育厅印发的《扩大陕西省高等职业学校对口招收中等职业学校毕业生的实施意见》(陕教职〔2012〕34 号)，提出四项扩大招收比例、拓宽招收渠道的目标任务。另外，《2013 年陕西省普通高校职业教育单独招生工作实施办法》(陕招办〔2012〕40 号)、《关于对 2012 年具有免试入学资格的中等职业学校技能大赛获奖学生参加 2013 年高等职业学校自主招生录取工作有关问题的通知》(陕教职办〔2013〕14 号)、《陕西省高等职业院校注册入学试点方案》(陕教生〔2014〕

6号）等文件的出台，指导陕西省部分高职院校在自主招生生源范围内不再限于普通高中毕业生，“三校”生符合条件均可报考。以上制度改革对逐步形成有利于陕西省职业教育事业科学发展招生考试制度，加快建立职教人才“立交桥”做出了有益尝试。

二是开展五年制连读试点，有效推进中高职衔接。2011年，以开展中高职“3+2”五年连读试点为突破，组织首批国家中等职业教育改革发展示范学校与6所国家级示范性（骨干）高等职业院校合作办学，2011年全省中高职五年制连读试点招生1208人，占当年中职招生比例的0.38%；到2013年，将试点范围扩大到近30所高职院校和50所示范性中等职业学校，招生数增加至5955人，占当年中职招生的比例提升到2.78%。“3+2”试点招生赢得了广大职业院校的普遍欢迎，有效促进了中等、高等职业院校的有效衔接和协调发展，建设现代职业教育体系迈出实质性步伐。

（四）当前陕西发展现代职业教育存在的问题

1. 构建现代职教体系方面存在的主要问题

（1）建设现代职业教育体系的基础还比较薄弱

一是陕西省职业教育适应经济发展方式转变和产业结构调整能力有限。虽然取得了专业建设、课程建设等方面的成效，但从整个职业教育来看，还没有很好地实现与产业、与职业岗位、与生产过程的无缝对接，技术技能人才培养的实效性、针对性尚显不强。二是在职业教育内部，陕西还没有形成一个系统的现代职业教育体系建设规划。国家层面已经出台了建设规划，陕西在这方面虽然已经启动了一些调研等工作，但尚未出台省内的发展蓝图和规划，整体上现代职业教育衔接贯通的途径和模式还很单一，也就无法从政策引导和宏观统筹上指导职业院校开展系统化人才培养的理念和方式方法。职业教育作为一种类型教育，体系还不完善。

（2）中高衔接、高本对接的贯通体制尚未完全建立

从发展现代职业教育体系的体制上看，一是目前高等职业教育招生主渠道仍从普通高考中选拔，中等职业教育和高等职业教育的衔接仍处在初级阶段，中等职业学校毕业生升学“立交桥”尚未完全建立，难以满足继续学习发展的需求；二是尚未打破传统“断头”高职教育的现状，高职院校在建设现代职业教育体系中承上启下的关键作用没有得到充分发挥，国家示范高职院校探索应用型本科教育的工作目前还未启动。整体上，学生从中职到高职、高职到本科教育的上升

通道尚未打通。

(3)引导普通本科转型存在的问题

引导本科院校转型发展是国家构建现代职业教育体系提出的重要任务之一,要真正实现转型发展,必须在办学体制、专业建设、教学模式、人才培养模式、师资队伍建设、管理服务模式等方面进行改革。但从陕西省来看,目前存在着一些问题。一是办学定位趋同,按照惯性思维发展。部分新建地方本科院校致力于向教学研究型或研究型大学目标靠拢,培养学术型拔尖创新人才;部分学校虽然定位明确,但惯性发展,尽管有强烈的转型愿望,在实际办学中仍然沿袭传统本科办学思路,亟须指导和支持。二是学科专业特色不鲜明,存在与地方产业结构脱节的现象,服务地方经济的人才培养对社会的适应性不强。受原有专业师资、办学基本条件等方面的限制,要实现向适应地方经济社会发展需要的应用技术型转向,需要的周期较长,改造困难较大。三是人才培养"重理论、轻实践",职业教育人才培养体系不完善。过于强调理论体系的系统和完整,实训、生产实习等集中大学时的工程实践类教学环节的比例明显不足,使培养的学生从事理论研究功底不深,动手操作上又技能不足。四是师资队伍"重学历、轻能力",教师专业实践能力不强。一方面,高校在人才引进上有过多的条框限制,结果却是高校的青年教师基本上出了校门(作为学生)又进校门(成为教师),缺乏实践经历;另一方面,制度层面上又不能有效引导教师进行必须的企业实践,导致具有丰富实践经验的企业人才进入学校受到制度的制约。五是科学研究"重科学、轻技术",服务地方经济发展能力弱。长期以来受我国"重科学、轻技术"的学术文化影响,造成科学与技术发展不平衡,而产生"搞科研的不管技术,搞技术的不管科研"的两分离现象,服务地方经济能力不强。

2. 发展现代职业教育的主要共性问题与困难

(1)职业教育的战略地位相比普通教育受重视程度不够

一是在观念上,职业教育的战略地位还没有得到很好落实,"重普教、轻职教""重学历、轻技能"的现象仍然比较突出,老百姓送孩子上大学积极性高,上职业院校兴趣不大。二是职业教育发展空间受到挤压。虽然自主招生、中高职五年连读、注册入学等改革拓宽了招考入口,但由于省级相关政策的制约导致职业院校招生人数下滑。以高职院校为例,以高考为主体的高职院校招生方式尚未实现与普通高考的真正分离,多元化的高职院校招生人才选拔机制尚未形成;同时,本科院校与高职院校分招生计划,在陈旧的社会观念下,势必导致高职招生

困难。因此，要实现高等职业教育规模占高等教育一半以上的目标困难很大；中等职业院校则出现了个别县（区）高中阶段教育比例失衡的现象，实现高中阶段普通高中和中等职业教育规模大体相当的任务越来越艰巨。

（2）职业教育发展的保障机制不健全

一是在师资队伍建设方面，存在着专业教师数量不足、“双师型”教师紧缺的情况。特别是职业院校招用企业技术人员仍缺乏政策支持，“进口”不畅，教师队伍整体素质亟待提升。目前没有针对职业教育师资的准入制度和考核机制，当前陕西省甚至全国缺乏规范而有特色的职业学校教师准入制度。现行教师资格准入制度既适用于普通教育，也适用于职业教育，准入标准只注重教师的学历和教育学知识、心理学知识等理论知识的达标，缺乏对职业教育师资培养的有效支持和措施，使拟进入职业学校教师岗位的人员在基本素质和能力没有达到该岗位应具备的能力要求标准时，就成为了一名职业教师，直接导致职业学校教师素质普遍不高，难以实现职业院校培养为生产一线服务的高技能人才的目标。二是经费投入机制尚不健全。近年来，通过实施“民生八大工程”和实行省属高职院校生均经费标准等，不断加大投入力度，全省职业院校的办学条件得到了明显改善，但与普通教育相比仍然处于劣势地位。同时，由于区域经济发展的不平衡以及有关政策的制约，各职业院校间经费投入差异较大，现行教育体制下的多元投入机制还不完善，制约了职业教育质量的整体快速提升。

（3）行业企业参与职业教育的政策机制还不到位

在办学上，政府主导、行业指导、企业参与的制度机制尚未完全建立，校企合作缺乏法律制度支持，导致教育与产业、学校与企业、专业设置与职业岗位对接不够紧密，企业深度参与和举办职业教育的积极性不高。职业教育缺乏行业指导和企业深度参与，职业教育适应产业发展的能力不强，技术技能人才培养的针对性、实效性较差，且已出台的相关制度和政策多半是“意见”“通知”“办法”等，效力层次低、刚性规范力不足，亟待出台陕西省促进职业教育校企合作的法律政策。

（五）加快发展现代职业教育的建议

当前，在全国加快发展现代职业教育的宏观指导下，在陕西省建设“三个陕西”、加快经济发展方式转变和产业结构升级的关键时期，培养技术技能人才已成为增强产业竞争力的重要着力点，也是陕西省职业教育发展的根本动力。因此，加快发展具有陕西特色的现代职业教育已成为当前全省职业教育战线的重要战略任务。在对陕西省职业教育的基本情况与成绩、存在的问题进行分析的基础上，为了下大力气解决影响和制约陕西省职业教育发展的诸多矛盾和问题，加快发展具有陕西特色的现代职业教育，现提出如下建议。

1. 进一步确立职教战略地位，出台陕西加快发展现代职业教育的规划与实施意见

充分利用国家出台《国务院关于加快发展现代职业教育的决定》（国发〔2014〕19号）、《教育部等六部门关于印发〈现代职业教育体系建设规划（2014—2020年）〉的通知》及相关配套制度之机，在充分开展职业教育调研的基础上，尽快出台“陕西省人民政府关于加快发展现代职业教育的实施意见（待定名）”及发展规划，部署今后一个时期加快发展陕西现代职业教育的目标任务。立足陕西省现代职业教育发展中的难点、热点问题，制定相关配套的政策措施，解决发展瓶颈。通过不断深化校企合作，加强专业与课程建设，创新人才培养模式，提升信息化建设水平，进一步提高技术技能人才的社会经济地位，不断增强职业教育的吸引力。

2. 深化招生制度改革，打通职业人才培养“立交桥”

打破制约技术技能人才培养的“天花板”，打通学生从中职、高职、本科到研究生的上升通道。一是改革高等职业教育对口招收中等职业学校毕业生的考试内容和模式，继续扩大中高职“3＋2”五年制连读试点招生规模。二是继续扩大国家示范（骨干）高职院校单独考试招生规模。从2015年起，增加省级示范性高职院校和部分办学定位明确、招生管理规范的高职院校进行单独考试招生试点。三是开展高职院校应用型本科层次人才培养试点，支持国家示范高职院校选择精品专业开展四年制应用型本科专业人才培养试点。四是探索高职、本科对接试点，选取国家示范性高职院校与行业背景突出的本科院校以“2＋2”形式联合培养本科层次技术技能人才。五是稳步推进高职院校综合评价注册入学试点、技能拔尖人才免试招生办法等多种形式的职业教育招考制度，为学生多样化选择、多路径成才搭建“立交桥”。

3. 统筹管理、分类指导职业院校特色发展，科学引导本科高校转型发展

一是统筹管理、分类指导。在中等职业教育层面，根据当前陕西省中职发展的态势，应进一步促进中职教育资源整合。以各市职业技术学院为龙头，以重点支持建设的县级职业教育中心为骨干，有效整合陕西省中职教育资源，加强专业建设，提升中职办学吸引力，确保高中教育与中职教育两类教育办学规模大体相当。在高等职业教育层面，根据国家示范（骨干）、省级示范、一般高职院校和民

办高职院校的不同发展基础，在政策扶持、项目倾斜、招生计划、资金投入等方面实行分类支持和分类管理，建立内涵建设考核指标，推动陕西省高职院校办出特色。同时，为落实专科层次高等职业院校办学规模占高等教育一半以上的目标任务，建议本科层次高等院校不再安排专科层次高职教育招生计划，以进一步促进高职院校的整体办学水平和人才培养质量不断提升，增强对区域经济社会发展的贡献度。二是科学引导本科转型发展。为推动转型高校的实质性改革创新，发挥其转型后在陕西省现代职业教育体系中的重要作用，除了政策方面的支持与保障外，转型高校自身应从明确应用技术型人才培养的办学定位、立足服务地方经济转型升级发展、加强地方和学校特色的专业群建设、加强适应应用技术型人才培养的特色师资队伍建设、加强工程实践教学的硬环境建设、大力推进产学研协同的应用技术研究与创新等方面出发，实现整体性、系统性的改革转型。

4. 打破师资队伍建设壁垒，加快建设适应发展需求的师资队伍

一是制定职业学校教师准入制度，实施单独的职业学校教师录用考试办法和考核制度，把技能考试纳入考试内容，把职教师资专业学生作为职教师资的主要来源。二是完善教师聘用制度，从企业引进一批生产和服务第一线的高级技术人才充实教师队伍。三是完善高素质教师补充机制，通过借鉴德国“双元制”培训模式，建立专业教师定期轮训制度，支持教师到企业进行工作实践，提高教师的专业能力和实践环节教学能力。四是规划建设职教师资培养培训基地，承担“双师型”教师的培养和培训任务，承担陕西省职教师资本科及研究生的培养工作。五是进行青年教师教学能力提升培训，加强教师师德建设，做好职业学校师德文化建设。

5. 健全完善配套政策，加强职业教育发展保障机制

一是建立健全促进陕西省职业教育可持续发展的配套政策。加快建立行业企业参与高职教育的政策制度，尽快出台校企合作的刚性法规条例，有效形成校企合作长效机制；加快完善高职师资队伍建设方面的政策，消除企业引入技术人才的制度瓶颈，完善双师素质教师补充机制；制定毕业生学业考核评价制度及国家层面的资格证书准入制度。二是坚决落实职业教育资金投入政策，保持中职经费投入，切实落实高职院校生均经费拨款制度，确保稳定的有保障的正常办学经费，加大对体系建设重点领域和薄弱环节的投入。

6. 优化职业教育发展环境，推动职业教育健康发展

职业院校主管部门要根据本区域职业教育和所属学校的办学实际，研究制定具体政策措施，吸引社会力量参与职业教育办学，形成共同支持职业教育发展的环境。大力宣传职业教育在加强内涵建设，服务地方和发展产业、行业、企业方面取得的成绩和先进经验，营造有利于职业教育发展的舆论环境。要积极推进职业院校建立行业、企业、科研机构等多元参与的评估制度，推动职业教育健康发展。

（执笔：崔岩、花智勇）

三、陕西中等职业教育发展调研报告

通过对宝鸡、渭南、安康三市教育局、人社局和有代表性的公、民办职业院校等进行调研，全面了解了陕西中等职业教育改革发展的现状，深刻剖析了当前中等职业教育存在的困难、问题与原因。最后从加强政府统筹管理、压缩学校数量提高质量、加强教师队伍建设、完善经费保障机制、创新人才培养模式、建立现代职业教育体系、创新人才培养体制等 7 个方面对发展陕西中等职业教育给出合理化建议。

（一）陕西中等职业教育基本状况

1. 陕西中等职业教育数量及布局结构

由于中等职业教育的多样性，陕西中等职业学校可划分为普通中等职业学校、职教中心、职业高中、成人中等职业学校、技工学校及各类培训学校等。其中，普通中等职业学校、职教中心、职业高中、成人中等职业学校分属教育系统管理，简称“教育口”；技工学校、各类培训机构分属人社部门管理，简称“人社口”，又名“劳动口”。

（1）中职学校“教育口”基本情况

从《2014 年陕西省具有学历教育招生资格的中等职业学校名单》的统计情况来看，陕西省中职学校“教育口”拥有 223 所学校，其中省属中专院校 38 所，各级市县区 185 所。从地理分布来看，西安市 83 所，咸阳市 24 所，宝鸡市 24 所，渭南市 23 所，延安市 16 所，安康市 14 所，汉中市 12 所，榆林市 11 所，商洛市 8 所，铜川市 4 所，杨凌区 4 所。分地区所占比例如图 2－25 所示。

（2）中职学校“劳动口”基本情况

根据《陕西统计年鉴 2013 技工学校基本情况（2012 年）》的数据统计，陕西省 2012 年人社系统共有技工学校 222 所，其中劳动部门办校 17 所，行业企业办

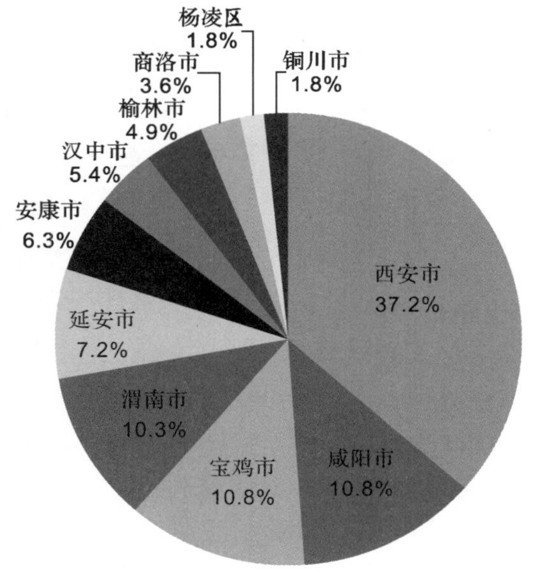

图 2-25 具有招生资格的中等专业学校在陕西省分布比例图

校 68 所，国家各部委办校 3 所，民办技工院校 134 所。学校具体情况如表 2-19 所示。

表 2-19 陕西技工学校基本情况（2012 年）

指标	学校/所	招生/人	在校生/人	毕业生/人	教职工/人	专任教师/人
劳动部门办校	17	3389	10231	4728	1330	826
国有经济单位办校	68	18019	58139	25067	4990	3482
行业办校	31	8241	26188	11574	2660	1892
企业办校	37	9778	31951	13493	2330	1590
国家各部委办校	3	1472	5598	1945	702	449
民　办	134	30732	132446	57365	8904	5818
总计	222	53612	206414	89105	15926	10575

2. 品牌学校建设现状

品牌学校是指被省级部门授予省级示范、国家示范资格或立项建设的学校。据 2012 年 4 月 10 日《陕西日报》及最新数据统计，2008 年以来，中、省财政累计投入 18.5 亿元，支持建设县级职教中心 30 个，省级示范性中等职业学校 46 所，国家级职业教育实训基地 106 个，省级综合性、专业性实训基地 46 个，省级精品

(示范)专业(点)225个,省级精品课程80门。49所中等职业学校进入国家级重点中等职业学校行列,40所进入省级重点中职院校。立项建设国家级中等职业教育改革发展示范学校33所,基本形成了中等职业教育的骨干体系。

另外,据2014年陕西技工招生政策答疑,全省技工院校共有204所正常招生,其中,技师学院34所,国家高级技工学校22所,国家重点技工学校11所。常设专业十五大类,一百余个,高级工以上培养层次占比38%,分布在陕西省各市级行政区域。目前,在校生20余万人,近五年累计毕业生44万人。

3. 陕西中等职业学校招生情况

(1)2012年招生情况

2012年,陕西省中等职业教育(包括普通中等专业学校、职业高中和成人中等专业学校)共有学校342所,招生196170人,在校生526654人,毕业生201747人,获得职业资格证书123532人。2012年教育系统具体情况如表2-20所示。

表2-20 2012年陕西省中等职业学校学生情况汇总表

项目 类别	学校/所	招生/人	平均招生/(人/每校)	在校生/人	平均在校生/(人/每校)	毕业生/人	平均毕业生/(人/每校)
普通中专	47	36120	768.5	126733	2696.45	47453	1009.64
职业高中	287	156820	546.4	384739	1340.55	151396	527.51
成人中专	8	3230	403.8	15182	1897.75	2898	362.25
合计	342	196170	573.6	526654	1539.92	201747	589.9

根据《中国统计年鉴分地区普通高中情况(2012年)》的数据统计,2012年,陕西省普通高中共530所,招生318788人。2012年陕西省普职招生比为1∶1.28,基本实现了高中阶段两类教育协调发展。

(2)2013年招生情况

据《2013年陕西省具有学历教育招生资格的中等职业学校名单》统计,2013年教育系统正常招生学校情况如表2-21所示。

表2-21 2013年陕西省中等职业学校招生情况汇总表

项目 类别	学校/所	招生/人	平均招生/(人/每校)
中职中专	243	163900	674.5
成人中专	9	5800	644.4
合计	252	169700	673.4

(3)2014 年招生情况

据《2014 年陕西省具有学历教育招生资格的中等职业学校名单》招生目标统计,2014 年正常招生学校情况如表 2-22 所示。

表 2-22 2014 年陕西省中等职业学校招生计划汇总表

类别 \ 项目	学校/所	招生/人	平均招生/(人/每校)
中职中专	223	140000	627.8
成人中专	6	4320	720
合计	229	144320	630.2

从以上招生统计情况可以看出,招生总数和学校数量均在递减,其中,2012 年全省共计招生 196170 人,2013 年共计招生 16.97 万人,比 2012 年招生减少了2.65 万人。2014 年计划招生 14.4 万人,又比 2013 年实际招生减少了 2.54 万人。2014 年实际招生数量仅为 11 万。根据生源状况变化趋势预测,陕西省中职生源在 2018 年将会跌至谷底,2018 年以后有望保持一个趋于稳定的生源规模。

4. 各级政府部门对职业教育的管理现状

(1)国家重视中等职业教育发展

2005 年国务院颁布《关于大力发展职业教育的决定》,提出建立和完善“校企合作、工学结合,结构合理、形式多样,灵活开放、自主发展,具有中国特色的现代职业教育体系”。2010 年颁布了《国家中长期教育改革和发展规划纲要(2010—2020 年)》《国家中长期人才发展规划纲要(2010—2020 年)》以及《国务院关于加快发展现代职业教育的决定》等纲要政策,为中等职业教育的健康、协调发展提供了良好的政策环境。2014 年,国务院六部委制定了《现代职业教育体系建设规划(2014—2020 年)》,再次给中职教育的发展注入了新的动力。2014 年 6 月国务院印发了《关于加快发展现代职业教育的决定》,全面部署加快发展现代职业教育,明确了今后一个时期加快发展现代职业教育的指导思想、基本原则、目标任务和政策措施,并提出“到 2020 年,形成适应发展需求、产教深度融合、中职高职衔接、职业教育与普通教育相互沟通,体现终身教育理念,具有中国特色、世界水平的现代职业教育体系”。

(2)省委省政府支持职业教育发展

自《职业教育法》颁布以来,陕西省也出台了一系列促进中职教育发展的政策措施。特别是2008年以来，省委省政府将职业教育的发展提高到战略高度，列为陕西省“民生八大工程”之首，实施了一系列的项目，加快了职业教育发展的步伐。2006年《陕西省人民政府关于大力发展职业教育的决定》的颁布，拉开了陕西省全力支持职业教育发展的序幕。2011年，颁布了《陕西省中等职业教育改革创新行动计划(2011—2013年)》，重点针对中等职业教育存在的突出问题，推动陕西省中职教育改革创新的步伐，着力实施“四大计划”，深入推进改革创新，带动整个中等职业教育加强建设、深化改革、加快发展、办出特色，提升中等职业教育人才培养质量和服务经济社会发展的能力。

但是，目前陕西省职业教育发展存在着多头管理的“多元化危机”。在职业教育管理工作中，中等职业学校分别隶属于教育口、人社口两个系统管理，这样就造成了陕西省当前中职学校数量多、办学标准不统一、办学质量参差不齐、学校布局与专业布局多而乱的现状。职业教育多元化办学方向是对的，但多头管理则带来了诸多矛盾。由于管理部门不同，造成许多政策不同。例如，学校级别和拨付经费标准不同，教师工资待遇和职称评定标准不同，批复学校的门槛不同，考核学校的标准不同。同类学校不同政策，产生了许多矛盾。同时，还出现了重复办学、专业重置率高、学校资源整合难、教育资源浪费严重等问题。这几年，地方为调整职业教育管理体制做了不少努力，但由于省级管理体制没理顺，地方调整的难度很大。目前，从中央到地方虽然大都成立了职业教育工作联席会议制度，但联席会议不是实体性机构，对各系统、部门协调力度不够，没能从根本上解决管理体制不顺的问题。即使同一政策，由于缺少顺畅的沟通，执行难度较大。更甚者，由于审批学校门槛不统一，造成今天大大小小的培训机构和正规学校混淆在一起，让许多老百姓分不清什么是正规的学历教育，什么是短期培训机构。这种现状直接导致了管理职能交叉，教育资源分散，缺乏统一的规划和指导，监督乏力，形成恶性竞争，规模效益差等现实问题，继而严重影响了陕西省职业教育的健康发展。

5. 中职学校教学保障条件现状

陕西省中职学校实力参差不齐。目前，陕西省共有33所国家改革发展示范学校，这是陕西省实力最强的一批中职学校。但这33所学校在师资力量、实训设施和学生数量上，第一批、第二批、第三批示范校之间也存在着明显的差距。在实训设施方面，首批国家示范校实力相对较强，有的实训设备总值已达到4000万元以上。如第一批国家示范校——陕西省电子工业学校，占地面积300

余亩，学校固定资产3亿元，拥有校内实训基地8个，理实一体化实训室86个，教学用计算机1000余台，实训设施总值4000余万元，校外实习基地30余家，合作企业50余家，并建立有省级技能鉴定站，每年为当地社会和企业培训超过3000人。良好的实训设施、优异的教学质量和较高的就业率为中职学校赢得良好的口碑。而第三批示范校在实训设施、师资力量等方面相对弱一些。如第三批国家示范校——岐山县职业技术教育中心，共有35个实习教室，8个微机实习室。有数控车床、普通车床、铣床、钻床、钳工和焊工工作台等机械加工实习设备150多台（件）；2个电工实验室，有电子实验工作台80余台（件）；音乐室有钢琴3架，铜管乐器30余件，电子琴40架；各类设备总值不足600万元，且设施不够先进，甚至部分设备无法正常使用，并缺少足够的工位。相对这些示范校的设备拥有量，省内一大批规模较小的学校，包括个别职教中心的教学和实训设备缺乏的问题仍然十分突出。设备不完善、教学基础条件不达标成了影响实训教学开展的首要因素。如渭南华阴市职业教育中心，汽车专业仅有2个汽车实训室；安康市白河金奇中等职业学校，占地面积仅4000 m^2，建筑面积3700 m^2，实训设施简陋。以上这些学校连基本的实训设施和办学条件都不能达标，人才培养质量难以得到保障。

与公办学校相比，一些民办学校条件更差，可谓是“三无学校”，学校是租来的，教师是临时聘来的，设施是租借的。这些学校师资力量差、设施陈旧、工位少，专业课程开设随意，办学不规范，很难满足基本的教学需求，还造成负面的社会影响。

6. 中职学校师资队伍现状

“十二五”期间，陕西省中职师资得到迅速发展壮大，“双师型”教师数量不断增加，研究生比例也得到大幅度提高。截至2012年，省级财政中等职业教育师资队伍建设累计投入5000余万元，中等职业教育生师比达到20∶1，专任教师中研究生比例提高到4.7%，教师学历达标率提高到76.8%，专业教师占到专任教师的57.5%，“双师型”教师占到专业教师的32%，兼职教师达到3500余人。但各校之间差异很大，特别是一些职业教育中心，教师结构存在很大问题，文化课教师多，专业课教师少，难以支撑专业高质量发展。

以安康市职业教育师资队伍发展情况为例，安康市教育局在切实抓好教师队伍建设的同时，协调人社、财政等部门，解决职业学校教师流通渠道不畅、专业教师不足等问题，进一步优化教师的素质结构，提高“双师型”教师的比例，逐步建立以“双师型”教师为主体的职业教育教师队伍。据统计，安康市2011年职业教育学校有专任教师712人，“双师型”教师290人，学历达标率为89%，研究生比例仅占2%，学科带头人共50人。

近年来，为提升陕西省中职学校教师教学能力、实训指导能力，省教育厅、人社部积极组织职业学校教师参加省培和国培，为陕西省中职学校培养了一大批青年骨干教师。在培训计划中，国家级、省级重点中职学校培训名额相对多些，有的学校专业教师参加省级和国家级的培训已经一至两轮，而民办职业学校，由于各种原因，教师参加省培和国培的比例较低。在企业实践方面，由于缺少政府层面的政策支持，各职教中心普遍缺少下厂实践的机会，又由于各校专业课教师不充裕，且工作任务重，即使有机会，专业课教师也很难安心下厂实践。多方面的原因导致现在的职教中心专业课教师多年来均无下厂实践的经历，制约了青年教师的成长。

7. 人才培养现状

陕西省中职学校特别是规模不足千人的学校，由于设备和工位不足，仍旧延续传统的教学方式，把大量的时间放在了传统理论课堂，无法大规模开展实施工学结合、理实一体化教学。主要原因：一是大多数中职学校特别是职教中心缺少足够的实训场地可供一体化教学；二是一体化教学需要一支高水平的“双师型”实训指导教师队伍，目前绝大多数学校“双师型”教师的比例还比较低；三是学校缺少经费购置先进的实训设施；四是学校的专业教师缺少企业实践经历，学校缺少具有企业工作经验的技师、工程师；五是除了通过示范校验收的学校，大多数非示范校并没有建立自己的教学资源库，信息化建设成为专业建设的一个短板，即使有学校实施一体化课堂教学，也会因为一体化教室少、师资力量不足、实训课程不够丰富、课时比例少等原因无法大规模长期开展下去，因此要在全省大力推广一体化课堂还面临诸多的困难。

从学校层面来看，大规模开展实施工学结合、理实一体化教学，需要投入大量的人力、物力和财力，受到教师编制、办学经费、师资力量和办学场所的诸多限制，加之短期内并不能带动学校的招生和就业，所以学校的积极性不高。

8. 服务陕西经济发展的情况

省委省政府特别重视职业教育大发展，自2000年以来，出台了许多扶持政策和措施。陕西职业教育由小到大、由弱到强，不断强筋壮骨，逐渐在全国职教界崭露头角。2008年以来，先后组建了陕西装备制造业等18个行业性职教集

团和安康、咸阳2个区域性职教集团，吸纳职业院校、行业协会、企业组织725个，基本实现了职业教育发展立足当地企业、立足当地资源和立足当地产业，院校与企业对接、专业与市场对接。具有陕西特色的“校企合作、工学结合、理实一体化”的人才培养模式受到全国同行的关注。

特别是近几年，随着国家经济结构的调整和产业向中西部的转移，中职生就业形势发生了根本性的变化，学生就业薪资水平和福利待遇得到大幅度提高，在本省就业的比例也大幅度提高。2012年陕西省中职毕业生约29万人，留在本省的学生约占30%，大约8.7万人左右。这些学生主要分布在省内的大型企业，专业对口率在80%左右，第一年平均月薪在2600元/月左右，第一年就业稳定率在80%左右。职业教育为陕西省工业发展和产业转型升级提供了可观的技术技能型人才。

同时，在加快发展新农村建设方面，陕西省大力发展面向农村的职业教育，大力实施“一网两工程”“人人技能工程”“现代农业职教发展工程”，培育形成了“关中技工”“蓝田厨师”“秦巴茶艺”等品牌，在全国产生较大影响。在推进“人人技能工程”实施的过程中，各地结合区域经济和产业发展实际，总结出丰富的经验。安康市针对劳动力转移问题，建立起政府统筹、教育牵头、部门配合、生源学校引导、乡镇动员组织、职业学校实施培训的工作机制，面向进城务工农民开展务工基本常识、实用技术、法律知识、卫生和安全知识技能培训。榆林市不断加大财政投入，围绕地方主导产业，组织农村青年免费参加转移性培训和现代农业技能培训，培育了一大批新型农民和离土不离乡的现代农民。宝鸡、咸阳、渭南等市将实施“人人技能工程”与“一村一品、千村示范、万村推进工程”相结合，着力开展具有地方特色的专业化人才培训模式。

(二)陕西中等职业教育存在的问题

1.行业企业需求与学校培养供给的矛盾

随着职业教育整体办学实力的增强，校企间的联系渐渐紧密起来，但距离企业需求还有一定的差距。据中国企业家调查系统的调查显示，2013年反映有缺工情况的企业占40%，并且缺工岗位主要集中在“生产工程岗位”；同时，近60%的企业表示仍然存在招工难问题。从企业的招工计划看，有近半数企业表示计划招收“高中(中专、技校)学历的毕业生”，比例远远高于其他学历。企业缺工和招工难并存的现象，说明目前人力资源市场的供求状况存在结构性失衡，这在很大程度上是由于当前职业教育体系提供的人力资源与企业用工要求仍存在较大差距。

2013 年,《陕西日报》对陕西省 120 家重点企业作了一份用工调查,调查显示,陕西省缺工岗位主要集中在制造业、批发和零售业、住宿和餐饮业、交通运输仓储和邮政业、租赁和商务服务业五大行业,其中制造业缺工最多,占缺工总人数的 59.52%。同时,随着陕西省经济快速发展和中东部地区产业转移的加速,制造业缺工人数居高不下的趋势还将加剧。而就目前情况来看,陕西省的行业企业并没有很好地参与到职业教育中来,导致培养的人才难免脱离企业实际需要,主要表现在以下几方面。

(1)数量供给不足

近年来,企业对职业院校毕业生的需求持续走高,行业发展对职业教育发展的依赖性越来越突出。但随着生源数量的萎缩,中职学校招生规模连年下滑,供需矛盾凸显。陕西省是以建工、机床、石油化工、煤业、汽车制造等第二产业发展为重的省份,石油化工类、能源类、财经商贸类等方面的技能型人才是当前陕西省最短缺的。

西北工业学校化学工程系招生情况显示:2014 年秋季中专班开设化学工艺、化学机械与设备、化工仪表及自动化等专业,共计划招生 315 人;2013 年秋季中专班开设化学工艺、化学机械与设备、化工仪表及自动化等专业,共计划招生 315 人;2012 年秋季中专班开设化学工艺、化学机械与设备、石油天然贮运、石油冶炼、化工仪表及自动化等专业,共计招生 405 人。从这三年的招生情况对比来看,2013 年到 2014 年招生专业和招生计划人数基本没多大变化,而 2012 年该学校的石油天然贮运、石油冶炼专业在 2013、2014 年的招生中被取消,招生人数也间接地缩减了 90 人。然而行业对石油化工专业职业技能人才的需求却只增不减,并出现了供不应求的状况。据统计,2013 年石油和化工专业毕业生总数只达到当年需求总量的 1/2 左右。通过对企业人力资源部门的调研可以看出,企业新录用员工中,中职、高职毕业生比例从 65%提高到 77%,供给无法满足需求,源自人才培养结构性失衡,如表 2-23 所示。

表 2-23　2014 年石油和化工行业人力资源供需状况

人力资源供需方	本科毕业生/%	高职高专毕业生/%	中职毕业生/%
需方:企业	23	39	38
供方:各类院校	52	30	18

当前本科教育和职业教育的培养规模与企业的需求存在着严重倒挂，特别是在人口红利退去的背景下，中等职业教育受到很大冲击，招生持续下滑，中等职业教育供给严重不足。再者，陕西省中职毕业生普遍选择到沿海发达地区就业，这又加剧了我省用工的供需矛盾。如宝鸡市职业学校的数控技术、加工制造、交通运输、医药卫生等骨干专业75%以上的学生都到发达地区就业，而在地方就业的相对较少。调查显示，2012年就业的14453人中，在本市区的仅3549人，占总数的24.5%。

(2)人才培养质量与企业需求不匹配

企业参与职业教育积极性不高，校企合作缺乏制度保障。职业教育要又好又快发展，关键措施之一是抓好校企合作。《职业教育法》规定："企业、事业组织应当接纳职业学校和职业培训机构的学生和教师实习；对上岗实习的，应当给予适当的劳动报酬。"目前，陕西省一直无法落实这一规定，职业学校有积极性，企业没积极性。主要原因是企业与学校责、权、利不明确，企业只有义务和责任而没有利益。有些企业还要承担学生因技术不熟练而损坏机器设备或发生安全事故等风险，而且国家对企业支持职业教育的优惠政策和经费补偿政策也不够完善。

另外，企业对技能人才的素质要求与学校教学不对称。企业人力资源最突出的需求是有效提升从业人员的综合素质，技术工人的知识结构和能力水平难以满足技术升级、转型发展的需要，职工继续教育空间广阔，新入职的技术工人数量不足、质量不高。据2012年企业人力资源调查数据显示，企业对职工素质和能力的要求排在前六位的分别是劳动安全和保护意识、解决问题的能力、敬业精神和责任心、对技术过程的理解和掌握、质量意识、机器设备操作技能。但调查中发现，中职学生在就业实习时存在的主要问题集中表现在：①流动性大；②适应能力差；③专业技能和素养不高；④懒散，不能吃苦耐劳，缺乏自律；⑤缺乏工作主动性；⑥不能遵守单位劳动纪律；⑦不善沟通，任性，不能正确对待实习，和其他员工不能融洽相处。显然，职业学校人才培养质量与企业需求存在不匹配现象。

(3)职业教育与县域经济结合不紧密

学校与地方龙头企业联系不紧密，专业方向、培养水平等都相对滞后于市场需求，自身发展不能适应现代工业、现代农业的发展变化，不能很好地服务地方支柱产业。如宝鸡为农业大市，各县区都发展一村一品富有特色的经济作物，需要大量的农艺师，但涉农专业的学生很少，无法满足区域经济发展的需要；宝鸡麟游煤矿开采需要大量煤炭开采专业的学生，本地职业学校竟然都没开设这个专业，职业教育专业设置与县域经济发展存在脱钩现象。

2. 政府重视程度与社会期望的矛盾

2014 年在全国职业教育工作会议上，习近平总书记提出三个“重要”，即职业教育是国民教育体系和人力资源开发的重要组成部分，是广大青年打开通往成功成才大门的重要途径，肩负着培养多样化人才、传承技术技能、促进就业创业的重要职责，必须高度重视、加快发展。

近年来省委省政府出台了一系列支持职业教育发展的政策纲要，2008 年颁布的《陕西省“民生八大工程”职业教育项目规划（2008—2012 年）》，为陕西省职业基础能力提升项目的实施提供了政策保障。其次，陕西省按照《国务院关于大力发展职业教育的决定》和陕西省《纲要实施意见》有关要求积极发展中职教育。但陕西省在实际执行国家政策过程中，还存在以下问题。

（1）国家政策执行不到位

《职业教育法》规定：“省、自治区、直辖市人民政府应当制定本地区职业学校学生人数平均经费标准”；同时，《国务院关于大力发展职业教育的决定》也要求“从 2006 年起，城市教育费附加安排用于职业教育的比例，一般地区不低于 20%，已经普及九年义务教育的地区不低于 30%”。目前，全国范围内已有 20 个省市普及了中职学生生均经费，而我省却迟迟出台不了生均经费政策，即使按规定征收的教育附加费也未能按比例支出。这就造成我省中职教育基础条件差，经费短缺，大多数学校办学经费一直处于捉襟见肘的困境，甚至债台高筑。

（2）省级政策配套不完善

《职业教育法》总则第三条提到：“职业教育是国家教育事业的重要组成部分，是促进经济、社会发展和劳动就业的重要途径。”这就表明，职业教育在我国教育事业中占有重要地位。虽然陕西省多次出台了关于积极促进职业教育发展的政策文件，但并没有使陕西省职业教育得到足够的重视。第一，职业教育宣传度不够，社会认识出现偏差。目前由于社会认识的偏差，大多数家庭对孩子成才的观念依旧是初中毕业升高中，高中毕业升普通大学，往往是报考普通学校无望的学生才报考职业院校；再加上近几年普通高中招生录取人数的增加，重普教、轻职教，重研究型人才、轻技能型人才的问题更加突出。第二，现行招生制度存在录取性误导。在高中阶段学校和高等学校招生时，常常将职业学校的招生批

次排在最后，使社会上认为职业学校只能录取成绩差、素质低的学生。第三，校企合作进度缓慢，企事业认可度不高。大部分劳动人事部门仍将学历作为就业和选才的衡量标准。在薪酬分配制度方面，技能型人员的工资及福利待遇一般不如智力型人员，致使职业院校缺乏吸引力。

(3)陕西省中职教育仍处于弱势地位

首先，职业教育学校的学生本身就是弱势群体。陕西省中职学校招的学生绝大多数是升学无望的初中毕业生、家庭困难的农村学生，以及在社会上工作了一两年后又重新回到学校学习的流动性群体。他们之所以选择职业学校，一是中等职业学校普遍实行了三年免学费教育，同时对家庭困难的学生实行国家生活补助政策，一些家庭困难的农村学生在上高中无望的情况下，进入职业学校学习一门技术是最好的选择；二是由于部分岗位的就业热，让很多上不了高中的学生听从家人的安排选择当下就业最热的专业进行学习，可自己喜不喜欢并不清楚，导致许多职业学校存在刚开学就退学、换专业的现象；三是我国限制就业年龄，很多未满18岁就选择就业的学生不能与用人单位签订正式的劳动合同，致使他们受到不公待遇，退而求其次，他们只能先回到学校等年龄满足要求，而这群学生恰恰在学校是最难管理的。

其次，职业学校本身就处于弱势。一是职业学校的前身给人们留下了不好的印象。所谓职业学校，即进行职业培训的学习机构。职业学校办学的想法是好的，但在其中不排除一些学校从中以利益为主导进行办学。由于很多职业学校特别是民办职校最初都是从开办各类短期培训班发展而来的，加上政府疏于监管，导致一些“三无”学校打着正规学校的旗号乱开专业、乱招生、乱收费，让整个职业学校被贴上了“骗子学校”“不入流学校”的标签。到现在，很多家长一听说职业学校就直摇头。二是职业教育体系的不连续，致使许多办学者本身在思想上都认为这些成绩不佳的学生将来难有作为，从一开始就对学生放养，只要学生在学校里不违法乱纪，到毕业时就能混个文凭。职业学校里的教师也对这些普通高中不招收、学习成绩差、难管理的学生不抱希望，他们每天只希望学生能安安静静地听完自己的课，不在课堂上捣乱就谢天谢地了。从家长到学生在思想上都认为进入职业学校学习是无奈的选择，事实上有技术的成功者很多，可鲜有家长相信这些会发生在自己孩子身上。错误的意识最终导致职业教育办学愈加艰难。

另外，在教育政策执行过程中对职业教育还存在一些不公现象，如在普通教育中教师编制多，而职业教育教师的编制少，有的地方把普通教育中富余的、不太优秀的教师统统分流到职教中心。

(4)陕西省中职教育仍是断头教育，缺少吸引力

当前我国的中等职业教育是个“断头桥”，现代职教体系未能有效建立。进入中职学校的学生不能攻读更高一级学历，因此学生缺乏进行技术创新和技术二次开发的能力。随着社会分工细化和技术改造升级，现有中等职业院校培养的学生满足不了企业需求，企业生产一线对高等职业教育的需求更加迫切。普通大学生过剩和高级技工严重缺乏的反差由此产生。目前，陕西省中职学校学生进入高等职业技术学院学习也只有两种途径：一是获得省级技能大赛二等奖以上；二是通过单招考试。仅有极少部分学生能够通过这两种途径进入高等职业院校学习。与上海、江苏等省相比，陕西省缺少中高职、甚至中职到本科的“立交桥”。虽然近几年中职就业形势很好，但因缺少进入高一级学校的“立交桥”，使其缺乏对优秀学生的吸引力。

3. 多头管理与部门协调的矛盾

学历教育类学校由教育口管理，技工、民办技工学校由人社口管理，两个部门工作中缺少协调机制，业务几乎没有来往，各行其事。多头管理造成政策不统一，办学门槛不统一。例如教育口和人社口都可以批设学校，不但省级可以批设学校，市级也可以批设学校，人社口公办学校由省级批准，民办学校市级可批准。两个部门在审批学校时互不沟通，标准不一，缺少规划，随意性很大，致使目前陕西省中等职业学校呈现数量多、规模小、专业重复、无特色、吸引力不强的状况。

其次，在办学过程中监管不到位。这种布局不合理、小而多、杂而乱的局面给上级监管带来极大困难。教育口、人社口对学校的管理要求又不一致，各管各的。有的学校为了追求利益，利用政策分别在教育、人社部门成立了教育和培训机构，造成了教育与人社部门的交叉管理。

再次，重复办学、重复办专业的现象，严重分散了国家教育资源和资金投入，造成绝大多数学校规模上不去，难以做大做强。又由于同一地区中职学校太多造成相互之间恶性竞争，甚至相互诋毁，给整个中职教育带来严重的负面影响。

从陕西省的整体情况看，省级层面要调整布局、整合资源难度较大，必需拆除部门间的“篱笆”，统一标准，以地区为单位统筹规划，以实施教育资源整合。

4. 中等职业教育自身发展存在的问题

(1)生源萎缩,招生困难

中职教育目前实际上是断头教育,所以还存在很大的招生压力。第一,受政策影响,普通高中更受青睐。虽然参加高考的人数逐年减少,但高等教育招生计划却逐年增加,招生比例不断提高,对学生及家长选择普通高中产生很大的吸引力。由于中等职业教育与高等职业教育衔接不紧,部分行业、企业及岗位要求大学专科学历,中职毕业生就业受限,学生继续教育渠道不畅,使中等职业教育的吸引力大大减弱,严重影响了职业学校招生。加之生源近几年不断萎缩,导致中职招生更加困难,普职比的比例始终难以达到1∶1,离国家的要求相去甚远。

近年宝鸡各个职业学校招生人数明显呈现逐年下滑的趋势,办学规模也随之萎缩,在校生从2009年以后逐年减少,至2013年减少24241人,减少幅度为34.4%。如表2-24所示。

表2-24 宝鸡市职业教育发展变化对比分析

	2007年	2008年	2009年	2010年	2011年	2012年	2013年
职业学校/所	34	41	41	41	27	26	26
职业学校在校生/人	57100	62176	70517	70768	60124	48420	46276
初中毕业生/人	72742	69496	65307	62280	58324	52836	45942
职业学校招生/人	29639	27429	26517	26063	23022	17288	18240
普通高中招生/人	32337	29558	30596	29827	28022	27909	27067

主要原因一是初中毕业生递减,职业学校生源锐减。2007～2013年,初中毕业生由72742人减少到45942人,减少26800人,减少幅度为36.8%;职业学校招生减少了11399人,减少幅度为38.5%。但是普通高中招生人数相对稳定,尽管限制了招生比例,但仅减少5270人,减少幅度为16.3%。据测算,到2017年,初中毕业生将会降至3.8万人。另据不完全统计,近几年来,每年有3000名左右的初中学生未毕业就外出打工。如果普通高中还维持目前2.7万人左右的招生总数,那么就仅剩下8000人左右可供高等职业学校的五年连读、普通中专学校、技工学校、职业高中招生。按照宝鸡市现有68所中职学校(含技校)估算,平均每校每年仅有118人的生源。

第二,受传统观念影响,职业教育受轻视。调查显示,家庭条件不好的孩子上职业学校的比例较高。截止到2013年12月底,宝鸡市11所学校(含国家级示范校 2 所，国家级重点校 2 所，省级示范校 2 所，职教中心 2 所，民办学校 2 所，厂办技校 1 所）2012～2013 学年度一、二年级在校生中，父母双方都在农村的占 87.8%，父母有一方在企业工作的占 10.1%，父母有一方在行政事业单位工作的仅占 2.1%。而且在职业学校中，女生人数偏多，平均为 56.8%，其中民办职业学校女生比例占 68.7%。从以上数据可以看出，职业教育受轻视的观念在短期内是很难得到改变的，在将来相当长的时期内职业教育仍将是以农村子弟为主。

第三，受地方保护主义影响，为了完成每年的招生计划，各县区都想尽办法，甚至利用行政手段强制每个初中学校给职教中心输送初中学生，部分中学初三第一学期后就强制学习差的学生春节过后到职教中心就读。在这样的政府干预下，一些学生失去了选择的权利，被迫上了自己不满意的学校；而省属中专学校虽然拥有一流的实力，但由于遭遇地方保护主义，招生变得异常困难。

第四，急功近利先就业。受市场经济影响，发达地区用工荒现象一直存在，部分企业用工制度改变，用人标准降低，吸引了大批农村贫困家庭子女在初中毕业后就选择直接就业。

（2）师资队伍专业化水平不高

陕西省当前职业教育教师队伍数量不足，结构不合理。教师队伍建设是当前职业教育发展中的一个薄弱环节。存在的主要问题：一是中等职业学校教师缺编严重，职业学校由于专业和实习的需要，应当编配比普通学校更多的教师，但实际上教师编制却比普通学校少；二是教师队伍结构不合理，职业学校教师主要从师范院校等普通高校招录，缺乏企业工作经验和专业技能，中等职业学校中“双师型”教师严重缺乏；三是职业学校教师职称评定和收入分配没有单独的序列，往往是按普通中学的规定和标准执行，没有反映出职业教育特点，限制了企业和科研单位的工程技术人员以及高技能人才进入职业学校教师队伍中。

以宝鸡市为例，一是专业课教师数量不足，不足专任教师的 50%；学历合格率低，公办学校本科及以上学历占 95.6%，民办学校仅 52.6%；“双师型”教师比例占 24.5%，与 50%的要求相比差距较大。二是职业学校教师进入渠道不畅，本科学历的师范生专业不对口；有专业技术的非师范院校毕业生又没有教师资格证，不符合教师上岗的现行政策；聘请既有高技能，又有一定学历的技师、工程师，财政不负担工资，聘得多了学校经费难以承受；开发新兴专业，更是难以找到合格教师。三是职业学校动态师资管理机制——“教师聘任制”尚未形成，不能

适应学校专业发展变化的需求，多数职教中心行政管理人员、文化课教师超出比例，总人数超编，专业教师想进入却无编制，部分停办专业的专业教师调不出去，从而导致不能用的人退不出，需要用的人进不来。

(3)经费不足

近年来，虽然国家和省、市加大了对中等职业教育的投入，但与当前经济社会发展对职业教育的需求相比，仍存在经费不足的问题。学校招生、实习实训、聘用教师等开支不断增加，造成办学成本加大，办学经费相对减少；加之职业学校生均公用经费机制尚未建立，实习实训经费保障困难。调查显示，2012 年底，宝鸡全市公办职业学校聘用教师 204 人(占专业教师的 34.1%)，工资全部在学校经费中开支。另外，目前还有 7 所职教中心仍在负债办学，总额达 5000 万元。

(4)民办学校办学不规范

陕西省民办学校约占半数，一些民办学校在招生中使用各种手段把学生招来，又巧借名目收取费用。时间一长这些学校在本地招不来学生，只好从外地招，从外省招，给整个中职学校带来负面影响。

(三)对策及建议

1. 加强政府统筹管理

面对目前职业教育管理体制不完善的问题，当务之急是加强政府统筹，突出《职业教育法》关于教育行政部门在职业教育管理中"统筹规划、综合协调、宏观管理"的职能；统一规划调整学校布局，加强技工学校，特别是民办技工学校的管理，使全省职业学校布局、专业布局整体趋于合理，办学规模大体相当；研究解决职业学校一校两牌问题，减少管理冲突，减轻管理负担，提高管理效益。

2. 压缩学校数量提高质量

据《2012 陕西省教育事业发展统计公报》统计，陕西省目前有 564 所中职学校，应由省教育工委牵头，教育厅和人社厅负责制定统一的中等职业学校办学指标体系。对不达标的学校停止补助，限期三年内使其进行合并转卖；对违规的学校坚决处理，对不符合办学条件的学校取消其办学资格；对企办技校进行转型，专职培训职工，不再搞学历教育。坚决抵制地方保护主义，严禁通过行政命令给初中学校施压、强制学生入学、剥夺学生的选择权，让所有的学校进行公平竞争，实行自然淘汰。

如果按照陕西省中职学校招生数最多时的 24 万人计算，最终保留 200 所中职学校，平均每校每年也才能招生 1200 人，在校生(不含第三年顶岗实习的学生)保持在2400人左右,这个规模理应是适合学校稳定发展的最佳状态。但实际上2012～2014年陕西省招生人数连年下滑,2014年仅仅招生11万左右。

3. 加强教师队伍建设

需要建立与职业教育相适应的教师管理、培养、培训体系。第一,制定职业学校教师编制标准,启动职业学校教师核编工作,加强配备专业和实习指导教师;制定职业学校教师资格标准,专业课教师要有企业工作经历要求,实习指导教师也应有资格要求。第二,拓宽职业学校面向社会招聘专业技术人才担任专业教师的渠道。对学校急需的高技能人才,应放宽年龄、专业、学历条件,鼓励懂技术的能工巧匠到学校任教。第三,完善职业院校教师定期到企业实践制度。第四,建立职业学校教师“聘任制”管理制度,落实职业学校聘用教师工资,对兼职教师实行固定补贴,建立起固定岗位与流动岗位相结合、专职与兼职相结合的用人机制,形成职业学校教师能进来、能出去的良性循环机制,提高职业学校“双师型”教师比例。

4. 完善经费保障机制

建立职业教育经费保障机制,划定分担责任,增加经费投入。通过财政统筹、加强规划、制定标准等措施,加大各级政府对职业教育的投入。第一,推动省级政府分类制定职业学校学生人均经费标准,划定举办者和学校分担经费的责任。各级政府要将职业教育经费纳入财政预算,加大公共财政对职业教育的投入,保持职业教育财政拨款持续增长。第二,增加专项经费,加速职业教育办学条件的改善。第三,继续实行助学政策,资助弱势群体学生接受职业教育,推进教育公平。第四,省财政安排中等职教生均经费标准或公用经费标准,力争财政预算内生均拨款水平达到6000元左右。第五,加大市、县两级对职业教育的投入力度,建立职业教育经费绩效评价制度、审计监督公告制度、预决算公开制度。第六,建立聘用教师工资由财政负担的制度。第七,协调解决办学经费不足的普遍问题,尽快解决职教中心的债务问题。

5. 明确创新校企合作、工学一体的人才培养模式

职业教育不同于普通教育,必须坚持以职业能力为标准,突出技能训练和动手能力培养,把校企合作作为办学的基本制度,把工学一体化教学作为人才培养的基本模式。创新“校企双制、工学一体”的中国特色的技能人才培养模式,深化校企合作办学,推进工学一体课程教学改革。

6. 建立现代职业教育体系

为了适应终身学习的需求,处理好中等、高等职业教育在升学方面的衔接,

促进职业教育和普通教育、中等和高等职业教育协调发展，要做好以下几点。第一，打通中职学生进入高职院校的渠道，尽快完善政策，实现“直通车”。第二，积极探索举办本科层次的学院，设立具有技能教育特点的学位，为培养预备技师创造条件。第三，部署和推动职业学校布局调整，整合教育资源。淡化普通中专学校、技工学校、职业高中、成人中专学校的名称，统称为中等职业学校，避免因校名不同而导致学校、教师、学生的身份和待遇不同。第四，建议省政府出台关于完善终身教育体系的指导性意见，满足各层次技术技能人才的教育需求，拓宽高等职业学校招收中等职业学校毕业生、应用技术类型高等学校招收职业院校毕业生的通道，打开职业院校学生的成长空间。

7. 创新人才培养体制

积极探索中高职、中职—本科、高职—本科实行联合招生、分段培养的人才培养体制。通过接续专业、连续学制培养高素质技术技能型人才。模式包括：中职与高职“3＋2”分段培养；中职与应用型本科“3＋4”分段培养；高职与应用型本科“3＋2”分段培养；高职独立承担的与应用型本科联合培养等。实行联合招生、分段培养，在转段考核与升学方面，转段突出“专业考试、过程考核、综合评价”的原则。在取得学历证书的同时，中职学生必须取得相关中级职业资格证书，高职学生必须取得相关高级职业资格证书，应用型本科生应取得准技师证书或者达到准工程师技术水平。为保证教学质量，教育主管部门应对中职、高职学校的培养目标、教学计划、教学大纲、课程等进行顶层设计、统筹安排，促进中职、高职教育衔接顺畅，使持有中等职业教育毕业文凭的学生有更多机会进入高等学校学习。

（执笔：姜亚军、伊逊智）

第三部分　砥砺前行的陕西省中华职业教育社

一、陕西省中华职业教育社简介

陕西省中华职业教育社为陕西教育界、经济界、科技界从事和关心支持职业教育的人士组成的人民团体，是由省委领导、省委统战部管理的省级群团组织。

在中央统战部和全国人大常委会原副委员长、民建中央原主席、第九届中华职业教育社理事长成思危和第十一届全国政协副主席、民建中央原常务副主席、第十届中华职业教育社理事长张榕明等领导同志的亲自推动下，在省委、省政府的亲切关怀和省委统战部、省教育厅等有关部门的精心指导和大力支持下，陕西省中华职业教育社于 2000 年 10 月在西安召开成立大会，选举产生了第一届社务委员会（由 15 人组成），黄藤任主任，刘舜康、张季纶、李维民任副主任，花智勇为秘书长。2001 年 7 月，省机构编制委员会办公室陕编办发〔2001〕98 号文件批复省中华职业教育社为省委统战部下属事业单位，人员编制 6 名，经费实行自收自支。2004 年 9 月召开第二次社员代表大会，选举产生第二届社务委员会（由 15 人组成），黄藤任主任，皮成宪、李维民、马洁、花智勇（兼秘书长）任副主任。2009 年 8 月召开第三次社员代表大会，选举产生第三届社务委员会（由 17 人组成），黄藤任主任，张亚平、花智勇（兼秘书长）、侯社教、李明富、雷云、姜波任副主任。

2013 年 4 月，省机构编制委员会陕编发〔2013〕13 号文件批复省中华职业教育社机关事业编制 5 名，工作人员参照公务员管理，社机关设专职秘书长 1 名（副厅级），副秘书长 1 名（正处级）。陕西省中华职业教育社于 2014 年 6 月 18 日在西安召开第四次社员代表大会，选举产生第四届社务委员会（由 21 人组成）。社务委员会领导班子 1 正 6 副，省政协副主席、民建陕西省委会主委李冬玉当选主任，张亚平、花智勇、姜亚军、胡建波、崔岩、伊逊智当选副主任，李明富当选秘书长。

新一届社务委员会在省委统战部的领导和中华职业教育社的指导下，在省政府有关部门的关心支持下，紧紧围绕省委省政府中心工作，认真贯彻党的路线

方针政策，突出“统战性、教育性、民间性”特点，积极发挥自身优势作用，为助推陕西现代职业教育和经济社会发展提供智力服务。省中华职业教育社的主要职能有：

①开展职业教育的调查研究与实践，向党委政府建言献策；

②组织实施中华职业教育社倡导的“温暖工程”等相关项目，关注困难人群和弱势群体，开展培训服务，提高其就业创业能力；

③组织开展黄炎培职业教育思想研究，挖掘弘扬先贤思想精华，服务现代职业教育发展；

④开展与国内外有关教育团体和人士的联谊活动、学术交流，增进相互了解，扩大交流合作，促进共同提高；

⑤依法参与社会事务管理，承接政府职能和参与政府购买服务等，发挥职教社智库作用。

二、2014年陕西省中华职业教育社工作报告

（一）2014年工作回顾

2014年是陕西省中华职业教育社建社历程中极其重要的一年。在中共陕西省委的高度重视支持下，在中华职业教育社的精心指导和省委统战部的统筹领导下，2014年6月18日陕西省中华职业教育社召开第四次社员代表大会。会议选举产生了以省政协副主席、民建陕西省委会主委李冬玉同志为主任的新一届社务委员会及领导班子。这次代表大会的召开是我社建社史上具有里程碑意义的重大事件，它标志着陕西省中华职业教育社从此步入崭新的发展轨道，并将谱写新的篇章。

陕西省中华职业教育社（以下简称省社）换届以来半年多时间，在省委统战部的大力支持和指导下，在李冬玉主任的带领下，立足当前，着眼未来，突出重点，务实创新，卓有成效地开展工作，取得了积极进展。

1. 明确分工，建立制度

为了尽快建立和规范省社良好的工作运行机制和工作秩序，2014年9月4日，省社主任李冬玉主持召开四届一次主任会议，专题研究领导班子成员分工问题。根据省社职能，本着“分工负责、团结协作、精干高效”的原则，经充分协商，对新一届领导班子成员作了具体分工，明确了职责。同时，还提出了下半年的四项工作任务：一是研究制定省社未来五年发展规划和相关制度；二是组织开展专

题调研；三是建立基础工作平台（省社网站），筹划省社专家委员会和黄炎培职业教育思想研究会等相关事宜；四是加强省社机关建设，建章立制，改善办公条件。根据《中华职业教育社章程》规定精神，结合省社实际，我们制定了陕西省中华职业教育社社员代表大会制度、陕西省中华职业教育社社务委员会会议制度、陕西省中华职业教育社主任会议制度、陕西省中华职业教育社秘书长会议制度等四项基本会议制度，并经省社主任会议审议通过后于 2014 年 9 月印发实施。

2. 着眼发展，提出规划

为大力推进陕西省中华职业教育社建设、改革和发展，更好地促进我省现代职业教育事业发展与和谐社会建设，根据省社第四次代表大会决议和李冬玉主任的意见，省社组织力量在调研工作的基础上，研究提出了《陕西省中华职业教育社发展规划（2014—2018 年）》（讨论稿）（以下简称《规划》），并提交四届一次主任会议讨论修订。会后，省社又组织力量对文稿进行修改形成《规划》（征求意见稿）。经 2015 年 1 月 21 日四届二次主任会议讨论，提交四届二次全委会议审议通过。《规划》提出了省社未来五年发展的指导思想、主要目标任务及保障措施。

3. 调查研究，议政建言

为更好地发挥中华职业教育社在助推我省职业教育改革发展中的优势和作用，省社抽调有关职业院校、企业负责人及专家、学者等 20 余人，组成三个调研组于 2014 年 10 月中旬启动全省职业教育改革与发展专题调研。各调研组深入有关市县和职业院校、企业及有关部门，通过召开座谈会听取意见和建议，结合问卷调查、上门调研、咨询交流及分析论证等多种形式，全面了解我省职业教育改革发展的现状、成就、问题与原因，初步形成了我省职业教育改革与发展的专题调研报告，提出了加快发展现代职业教育的若干政策建议。为确保调研工作的质量，省社安排专项经费，以调研课题研究项目方式给予支持。期间，李冬玉同志带队前往陕西工业职业技术学院进行调研，召开座谈会听取意见，有力地推动了调研活动的开展。在调研过程中，我们的工作得到了省委统战部的大力支持，特别是一处的同志多方协调联系，确保了调研工作的顺利进行。2015 年 1 月，省上“两会”召开在即，在李冬玉同志的倡议指导下，省社推荐省政协委员、省社社委姜波就加快构建陕西特色的现代职业教育体系建设，在政协会议上作大会发言，作为职教社代表建言献策。

4. 交流学习，建立联系

2014 年 6 月换届后，省社十分重视加强与总社及相关省（市、区）社的联系

和沟通。就调查研究、建言献策、“温暖工程”实施、组织建设、开展活动等若干问题和事项多次与总社及兄弟省社进行咨询、沟通和交流。积极组织省社团体社员院校及企业负责人分别于2014年8月、12月，参加了总社举办的“中美职业教育论坛”“职业教育与城市发展高层对话会”“黄炎培职业教育思想研究会年会”等相关活动。因省社组团规模较大并积极参加对接交流，得到了总社领导的充分肯定。2014年12月上旬，省社组织团体社员院校负责人一行10余人，由省社领导带队，前往上海、杭州两个省、市中华职业教育社进行考察学习，相互交流、通报了各自的工作情况和做法，并提出了建立省级社之间定期交流互访工作机制的意见。通过考察和交流学习，不仅学到了兄弟省市职业教育社办社的新理念、新举措、新经验，而且加深了相互了解，增进了友谊和互信。2014年12月下旬，陕西省推选代表一行7人由李冬玉主任带队赴京参加中华职业教育社第十一次全国代表大会，李冬玉同志当选为中华职业教育社第十一届理事会常务理事，姜亚军同志当选为理事。

5. 开展活动，服务社会

为了解决高校文科学生技能较低、岗位适应性弱的问题，由省社作为主办单位，中国工作标准研究院、西安财经学院为协办单位，省内众多院校参与的2014年全省“黄炎培杯”圆通制大学生工作能力竞赛活动于2014年10月25日成功举办。中华职业教育社副总干事韩晓光专程赴陕出席竞赛总决赛并讲话，他对陕西社换届后开拓创新谋发展的一系列新举措和进展给予充分肯定。本届大赛参赛院校29所，共40个参赛队，参赛选手200余名。通过大赛活动，提高了陕西省有关高校加强文科学生技能培养的积极性，扩大了陕西中华职业教育社的影响。11月份，省社还组织了两期圆通制会计类工作标准师资培训班，收到了较好的效果。

根据总社安排，2014年5月、12月就陕西省“温暖工程”遴选项目两次向总社上报了项目申请报告。11月李冬玉同志带领省社有关人员前往富平县就“温暖工程”遴选项目事项进行专题调研。在全国代表会议期间，她又向总社主要领导汇报陕西省的申报项目情况，得到总社领导的高度关注和指导。此外，省社积极协调和督查，较好地完成了总社下达的“教育移民”项目任务，共招收197名贫困地区学生，并发放了就学补助金。

6. 争取支持，改善条件

2014年6月省社换届后，我们积极争取省财政厅等有关部门的大力支持，在省委常委、省委统战部部长陈强同志，省政协副主席、省社主任李冬玉同志的亲自协调推动下，省财政厅给省社安排了专项开办经费，用于省社机关环境改造、房屋整修、办公设施设备购置等。经省社反复、多方协调协商，并由李冬玉同志主持召开专题会议，研究省社原聘用人员拖欠工资等遗留问题，提出了解决遗留问题的思路和意见。2014 年 11 月，省社遗留问题得到了妥善解决。为了建立省社信息交流平台，我们积极进行官方网站的前期调研和论证，并提出了网站建设方案，力争在春节前上线运行。为了扩大省社的影响，提高建言献策的力度和水平，省社主任李冬玉同志亲自撰写署名文章，并在 2015 年 1 月 17 日《陕西日报》6 版(理论周刊)发表。文章就陕西省职业教育发展的现状、成就和存在的问题进行了深刻剖析，对今后发展的思路和任务坦诚建言。

除此之外，省社还建立了基本工作运行规范，组建成立了党的基层支部委员会。

省社虽成立时间较早，但新的建制才刚刚启动运行。我们的初步体会，一是始终坚持“三性”(统战性、教育性、民间性)优势，勿忘建言献策。突出统战性就是发挥政治性、广泛性的优势，为立社之魂；做实教育性就是逐步显现职教社的示范引领作用、智库作用，为立社之基；强化民间性就是调动一切积极因素，为立社之本。二是始终坚持主动作为，以为争位。单位不分大小，但求有所作为。要善于谋事，敢于做事，能做成事，当为最重。三是始终坚持依靠团体社员单位力量和智慧借力而为，成就事业。团队的力量是巨大的，只有充分调动并发挥他们的积极性和优势，才能使中华职业教育社的事业蓬勃发展。四是始终坚持以服务为宗旨，广结有识之士，传递正能量，搭建新平台，我们的天地才会更宽广。

当然，我们尽管做了一些工作，但与省委的要求和广大社员院校的期望还有较大差距，工作中还存在很多不足：一是换届以来时间很短，很多工作尚未完全理顺；二是与省级有关部门的协调联系和沟通交流还很不够，推动工作尚有一定难度；三是与各位社委的联系与沟通交流也不够。总之，我们的工作正在有序推进，后面的任务更加繁重。我们决心以中华职业教育社第十一次全国代表大会为新的契机，以坚定弘扬中华职业教育社百年优良传统为己任，不断创新工作思路，主动作为，敢于担当，力争实现省社工作新突破。

(二)2015 年工作安排

2015 年工作的总体要求是，深入贯彻落实中共十八大和十八届三中、四中全会精神以及省委十二届六中全会精神，充分发挥职教社“统战性、教育性、民间

性”优势，围绕“三个陕西”建设大局，以突出调查研究、建言献策为重点，以开展活动、搭建平台为载体，加强职教社自身建设，壮大社员队伍，扩大职业教育社影响，服务我省现代职业教育体系建设，为加快发展现代职业教育，实现和谐陕西新目标贡献力量。

1. 主要任务

(1)加强学习，形成共识

一是要把学习贯彻中共十八大和十八届三中、四中全会精神，全国职业教育工作会议以及中华职业教育社第十一次全国代表大会精神，作为省社当前和今后一个时期的首要政治任务。通过认真学习，切实把广大社员的思想、行动统一到中央和省委的精神上来，把省社团队的力量凝聚到全面深化改革的宏伟目标和各项任务上来，厘清工作思路、找准工作定位。

二是要紧紧抓住全面深化改革的契机，抓住“深化教育领域综合改革”和“激发社会统战活力”的难得机遇，认真研究全面深化改革对群团组织参与社会治理的新要求，扩大参与社会治理和社会服务的影响；要发挥自身优势，聚焦职业教育改革发展的重点、热点、难点问题积极建言献策，对接改革任务努力贡献力量，营造改革氛围主动协调关系，不断提高服务水平，形成支持、参与和推动改革的合力，在服务发展、协调关系、促进和谐、维护稳定上发挥应有的作用。

我们要通过坚持不懈的学习和思考，牢牢把握新的历史机遇，努力形成推进陕西省现代职业教育发展的共识。

(2)调查研究，建言有为

一是撰写、编辑并出版《2015陕西职业教育发展报告》。2014年下半年省社组织力量对全省职业教育进行了调研，共安排3个调研课题。本次全委会上各组将通报初步调研成果。会后将根据社委们提出的意见、建议进行修改，并召开省级相关部门负责人参加的座谈会征求意见。在此基础上，形成给省委、省政府的专题调研报告，提出推动陕西现代职业教育改革发展的若干政策建议，并结集出版。同时，组织力量撰写、编辑并出版《2015陕西职业教育发展报告》。

二是继续安排调研课题，精选好题目。2015年拟安排一批专项课题，重点在职业院校治理结构和体系、院校生均经费标准等方面开展研究，由省社组织有关团体社员院校、企业等参与完成。根据总社要求，调查研究、建言献策选好题目是关键。一要增强大局意识，紧扣省委、省政府工作中心，密切关注职业教育的改革和发展，坚持前瞻性、可行性、少而精的原则，在陕西省当前迫切需要解决的重点、难点问题与省社工作的最佳结合点和着力点上，在推动职业教育改革和发展的前沿问题上，组织专业力量，深入调研，及时提出意见和建议。二要增强问题意识，坚持问题导向，“不厌其小、务求其实”，题目不求大，不宜宽，务求能找准职业教育改革发展的主政方向和发力点，切实推动重点、难点问题的有效解决。

2015年省社建言献策的基本目标是，强力发声、大小结合、专兼结合、年度整体建言和阶段性建言相结合，力争发声有震动，建言有突破。

(3)搭建平台，夯实基础

一是成立陕西黄炎培职业教育思想研究会。为继承和弘扬黄炎培博大精深的职业教育思想和精神，扩大和提升省社理论研究、调研工作、建言献策的影响力和水平，拟在2015年上半年组建成立陕西黄炎培职业教育思想研究会(此项工作2014年下半年已安排，并列专项经费)。研究会的主要任务是：研究挖掘黄炎培职业教育思想理论精华和实践模式特征；探讨黄炎培职业教育思想在当代的价值及意义；编辑整理研究成果为陕西省职业教育改革发展服务。通过黄炎培职业教育思想研究工作，培养形成陕西省职业教育较强的研究团队力量，提升陕西省职业教育理论研究水平。

二是组建省社专家委员会。为更好地利用中华职业教育社的人才资源优势，充分发挥各方面专家学者的积极作用，促进省社各项工作科学、规范、有效开展，根据有关规定，经省社社务委员会批准，拟组建成立省社专家委员会。其主要任务是：了解掌握并研究国家和陕西省宏观教育政策、国外及省内外职业教育发展动态，向省社提供信息和工作建议；对省社事业发展、建言献策、团体社员院校实践等工作提供决策咨询和业务指导；对省社的各项工作及本系统干部队伍的学习、培训、研修等活动，提供指导和智力支持；对省社的重点工作项目进行审议与评估；指导并参与省社组织的有关学术、论坛活动等。省社专家委员会的成员拟由职业院校及有关科研机构专家学者、行业企业及政府相关部门的人员构成。建立陕西黄炎培职业教育思想研究会及专家委员会将为推动省社各项工作的开展搭建有效平台，发挥重要作用。

(4)积极探索，服务社会

一是积极探索、参与或承担陕西省职业教育第三方评估工作。党的十八大提出“使市场在资源配置中发挥决定性作用”，十八届三中全会提出要“激发社会组织活力”，这些重大决策为我们提供了历史性机遇。我们要用改革的精神、市

场的理念，主动出击，力争有所突破。

二是创新推进“温暖工程”。2015年要认真做好总社安排的“温暖工程遴选项目”“教育移民（助学）项目”和“新农村建设带头人培训项目”等工作，在此基础上拓展项目领域和内容、开启陕西省新途径、形成新亮点。实施好“温暖工程”，一要全面系统地总结近10年来陕西省实施“温暖工程”的情况和经验；二要拓展省内培训新领域。2015年省社拟启动实施陕西省有关县“回民镇教育援助工程”，积极协调省级有关部门，争取给予项目资金支持，或通过社会力量募集、落实工程资金。

三是举办“黄炎培杯”圆通制大学生工作能力竞赛和陕西中华职业教育论坛活动。一方面要及早谋划，认真组织，扩大院校参赛面和参赛规模；另一方面要选好主题，突出特色，努力办好陕西中华职业论坛活动。

（5）加强交流，壮大队伍

一是积极扩大省社团体社员院校与港澳台职业教育机构的交流与合作。依托有关院校国际合作交流优势，策划组织安排对接项目相关事项，以组团访问、洽谈项目等方式，推动陕西省有关职业院校与港澳台职业教育机构的合作，扩大与海外华人社团和友好人士的交流往来，扩大陕西职业教育的影响力，为陕西发展服务。

二是加强省社组织建设，不断壮大社员队伍。一要制定社员管理暂行办法。2015年拟新发展一批团体社员和个人社员。二要积极推动市级基层组织建设。通过政策协调、督查督办、借力过渡、逐步到位的方式和思路，促进基层组织建设，力争2015年基层组织发展迈出明显步伐。三要加强省社机关建设，切实增强服务意识。建章立制，完善相关制度和规范，不断提高自身工作水平，做到借势而为，借力而为，努力在团结凝聚职业教育人士方面更加奋发有为。

2. 保障措施

（1）加强领导，统筹协调

陕西省中华职业教育社成立于2000年，至今已有15个年头，但从2014年换届开始才有了一个正式的建制，这是一个重大的跨越。新机构要有新形象，新阶段要实现工作新突破。一是强化省社社务委员会及其领导班子的统筹协调优势和作用。加强社委之间经常性的交流和沟通，传递信息、交流情况、凝聚智慧，通过较高质量的建言献策和开展相关系列活动提升省社的良好形象和影响力。二是加强与省级有关部门的联系协调，特别是争取省委统战部的支持和指导，探索建立相应工作机制，主动上门，提供服务，承担任务。三是加强省社与团体社员院校和企业的联系沟通，发挥他们的作用，为职教社事业的发展贡献力量。

(2)多方筹资，保障有力

经费投入是职教社工作的重要保障条件。一是积极争取财政预算经费的支持和保障，确保正常运转经费和专项经费足额到位。二是根据总社《章程》规定，收取社员会费。三是动员争取社会力量、民间机构开展募集、捐赠支持。我们寄希望省社社委中的企业家带头给予支持。四是加强省社经费科学合理支出和财务管理，坚持勤俭办社，把钱花在刀刃上，确保资金使用效益。

(3)建立基地，合作交流

省社通过多种形式对基地学校进行跟踪监测与服务，向其发布信息并提供相关项目支持等。省社基地学校拟按40所左右建立。一是拟订基地学校申报方案，面向省内职业院校征集意见进行申报，组织审查后确定。二是基地学校要成为省社开展相关活动的主体单位，积极参与并承担省社安排的有关工作任务。三是省社组织基地学校与省内外有关职业院校和机构开展交流、结对、合作事宜，提升基地学校影响力。

(4)加大宣传，提升影响

一是拟订2015年的宣传策划方案，尽快推动陕西省中华职业教育社官网上线运行。二是发挥省社官网、《各界导报》及省级有关媒体的作用，及时宣传报道中华职业教育社的光荣历史传统和省社的工作进展情况，宣传陕西省团体社员单位的先进办学经验、社员风采和奉献精神。三是积极组织开展“黄炎培职业教育奖”的评选、推荐、表彰活动。

陕西社是一个全新的群众团体，陕西社的事业方兴未艾，前景广阔。它的蓬勃发展和壮大有赖于全体社员的共同努力和无私奉献。2015年是省社未来五年发展历程中极其关键的一年，我们将在李冬玉主任的带领下，紧紧依靠省委统战部的坚强领导和支持，紧紧依靠广大社员院校和单位凝心聚力的帮助支持，紧紧依靠全体社委的群策群力和智慧，积极进取，开拓创新，扎实工作，努力开创省社工作新局面，实现工作新突破。

（执笔：李明富）

三、2015年陕西省中华职业教育社工作报告

(一)2015年工作回顾

2015年是实施完成“十二五”规划的收官之年,也是省社开启第四届社务委员会工作的第一年。一年来,在省委统战部的正确领导和中华职业教育社的支持指导下,我们深入学习中共十八大及十八届三中、四中、五中全会精神和习近平总书记系列重要讲话精神,认真贯彻省委统战工作会议、党的群团工作会议和全省职业教育工作会议精神,坚持树立“以为争位、以服务求发展、以贡献求支持”的工作理念,以助推职业教育发展为己任,紧密围绕陕西省中心工作任务,努力彰显和发挥自身优势,积极务实创新,始终埋头苦干,顺利完成2015年度各项目标任务,并取得明显成效。

1. 积极开展调查研究,为助推职业教育改革发展建言献策

2015年初,在上年调查研究的基础上,提出了加快陕西省现代职业教育发展的专题报告并上报省委统战部。报告着重在顶层设计、校企合作、建立改革试验区、加大经费投入等四个方面提出了10条建议。省社主任李冬玉在《陕西日报》发表题为《发展现代职业教育 服务“三个陕西”建设大局》的署名文章,协调安排省社社委在2015年陕西“两会”上就加快构建陕西特色现代职业教育体系建设作大会发言,还在2015年3月省政府召开的全省职业教育工作会议上讲话,就树立大职教理念、发挥群团优势、共同协力发展职业教育提出了建议和意见。在以上平台上建言尚属首次,影响较大,所提建议在职业教育界引起广泛关注并受到好评。

2. 组织开展陕西首届“职业教育活动周”

经省社精心策划和组织,首届陕西省“职业教育活动周”于2015年5月上旬在宝鸡市陕西省电子工业学校举行。省社有关团体职业院校积极响应,紧密围绕“支撑中国制造、成就出彩人生”的主题,开展了技能竞赛、教学论坛、主题班会、文体表演等系列活动,师生热情高、效果好、社会影响大。期间,省社主任李冬玉出席活动周启动仪式并讲话,还就该校改制创建电子职业技术学院(高职)的工作进行了调研。

3. 成功举办“第七届台湾大学生研习营”活动

由中华职业教育社主办、台湾贤德惜福文教基金会组织、陕西省中华职业教育社承办、陕西工业职业技术学院协办的“第七届台湾大学生研习营”于8月3

日至 11 日在陕西省成功举办。两岸学子及重庆、安徽等 6 个省级社负责人共计约 120 人参加了本次活动。本届研习营活动以"文化、交流、体验、感知"为主题，组织研习营营员在西安等地参观历史胜迹及自然景观，感悟陕西厚重的历史文化和自然风光。在有关高校举行多场"大师面对面"互动交流活动。本届研习营规模大，内容丰富，两岸学子感受深，互动交流密集，省内影响大，反响强烈，得到了中华职业教育社、研习营营员和兄弟省级社的充分肯定和一致好评。全国政协常委、中华职业教育社副理事长傅惠民，全国人大常委、中华职业教育社专家委员会主任王佐书，陕西省委常委、统战部部长陈强，省政府副省长庄长兴，省政协副主席李冬玉等领导分别出席研习营开、闭营仪式并讲话。通过本届研习营活动，对进一步扩大和提升省社的影响力，促进两岸青年交往交流，推动陕台职业教育领域的交流合作将发挥积极作用。

4. 组织团体社员院校开展职业教育课题研究

一是对 2014 年组织开展的职业教育调研课题项目进行了结题评审；二是委托西安欧亚学院组织力量撰写《2015 陕西职业教育年度报告》，这将是陕西省第一份全面系统介绍陕西职业教育发展情况的综合性年度报告，兼具蓝皮书性质；三是组织专家对 2015 年度省内 12 所院校申报的 28 个课题进行立项评审，经专家评审和省社主任会议审定，共确定 13 项课题（其中重点课题 5 个，规划课题 8 个）予以立项。

5. 组织实施"教育移民"和"教育援助工程"项目

"教育移民"是中华职业教育社在六盘山区、大别山区以及中央苏区实施的"温暖工程"项目。自 2013 年在陕西省实施以来，按照中华职业教育社的安排，省社领导多次深入有关市、县推动项目实施。项目学校按照省社要求进行贫困生遴选和培养。截至目前，共资助贫困学生 642 名，资金高达 128 万余元，实现"一人上学、一人就业、一家脱贫"的目标。

为贯彻落实省委常委、统战部部长陈强同志关于加强民族地区帮扶工作的重要指示精神，省社在 2014 年深入调研的基础上，于 2015 年初提出了对宁陕县江口镇、镇安县西口镇和茅坪镇等三个回族镇实施"教育援助工程"项目计划。经省社组织动员，社委王发友同志积极响应，其所在的陕西奥达企业集团慷慨捐赠 10 万元，奉献爱心。2016 年元旦前夕，省社协调组织分别位于宁陕县江口镇、镇安县西口镇所在的中小学举行教学设备和学生学习用品捐赠活动，市、县两级统战、教育部门负责同志出席活动仪式。此举受到当地干部群众和广大中

小学师生的普遍赞誉，并引起强烈反响。

6. 举办首届全省统战系统职业教育专题培训班

2015 年 7 月，在省委统战部的协调指导下，由陕西省中华职业教育社主办，在陕西社会主义学院举办首届全省统战系统职业教育专题培训班。全省各市委及有关县(区)委统战部门负责人、职业院校及相关单位的负责人及业务骨干，共计 44 人参加了专题培训。培训主要围绕统战理论及政策、职业教育政策解析及陕西现代职业教育发展新走向等内容展开。省社主任李冬玉出席开班仪式并讲话。省社相关负责人作专题报告。培训期间，组织学员赴延安进行以弘扬“延安精神”为主题的现场教学。这次专题培训对于统战部门了解职业教育、职业院校熟悉统战工作是一次极好的学习交流活动，有助于加强今后的工作联系和交流。

7. 承办“黄炎培职业教育思想研究会 2015 学术年会”

2015 年 12 月 27—28 日，由中华职业教育社主办、省社与西安欧亚学院联合承办的“黄炎培职业教育思想研究会 2015 学术年会”在西安举办。本届学术会议突出体现“以例示人”的做法，以“治理、质量、特色——分享欧亚学院经验”为主题，邀请欧亚学院胡建波校长等专家发言，高扬黄炎培职业教育思想旗帜，以提升院校治理能力和质量为目标，突出特色办学的经验和做法等，给与会者以崭新感受和启发。总社陈昌智理事长给年会致信祝贺，李冬玉副主席出席年会开幕式并致词。

8. 积极参加总社组织的有关活动并努力完成交办的任务

省社自 2014 年 6 月换届以来，把组织省社团体社员院校(单位)参加总社活动作为学习提高和扩大自身影响力的一项重要措施和途径。为此，2015 年以来，凡总社安排的所有活动(会议、论坛等)，省社均积极响应，下发文件、协调督办。除总社规定外，每次均组织 15 所院校 20 人以上团队前往参会，以上活动均收到良好效果。2015 年 6 月省社还较好完成了总社关于地方本科院校转型发展来陕专项调研的工作任务。期间，协调安排调研组专家与省教育厅领导访谈交流，协调省级有关部门及院校负责人参加专题调研工作座谈会，受到调研组负责人和专家们的一致好评。

除此之外，还完成了省社专家委员会及陕西黄炎培职业教育思想研究会组建的前期调研筹备工作，完成了社机关办公场所装修及办公设备、家具购置任务，完成了二级财务预算单位设立账户事宜以及建立工资台账前期工作。省社内部关系逐步理顺，办公环境大大改善，运行机制基本到位，社会影响力显著提升。

总之,2015 年省社全体同仁团结奋斗、开拓进取、担当有为、服务领先,以强烈的事业心和责任感迎战困难,扎扎实实工作,默默无闻奉献,开创了省级职业教育社在全国的崭新局面,形成了课题研究、建言献策,实施温暖工程创新发展以及承办研习营活动等三大突出亮点,得到了总社领导的充分肯定和兄弟省级社的普遍赞誉。我们的体会是:统战部领导的关心重视和大力支持是我们做好工作的根本保证;全体社委以及所有团体社员院校的积极响应和广泛参与是争创工作业绩的重要力量;省社自身的担当精神、敢有作为、能有作为是开创工作新局面的内在动因。

尽管如此,我们的工作还存在着不足和差距。主要表现在:一是建言献策的能力和水平与经济转型升级的新常态、新要求还不相适应;二是如何助推职业教育发展尚未建立有效的工作机制;三是如何紧紧依靠统战部的协调指导,在统筹发挥相应资源优势作用等方面还有待加强和改善。

(二)2016 年工作安排

陕西省中华职业教育社 2016 年工作的总体要求是,在省委统战部的领导下,深入学习贯彻中共十八届三中、四中、五中全会及习近平总书记系列重要讲话精神,紧密围绕陕西省“十三五”规划的制定实施、职业教育改革发展的重点难点问题,强化调查研究、建言献策、温暖工程、社会服务和联谊交流等工作,突出“统战性、教育性、民间性”优势,坚持“创新有为、服务立社”的工作理念,最大限度为广大社员提供服务,为促进陕西省经济转型升级和职业教育改革发展作出新的贡献。

1. 深入学习贯彻十八届五中全会和省委十二届八次全会精神

2016 年,省社全体社委和团体社员院校(单位)要把学习贯彻党的十八届五中全会和省委十二届八次全会精神作为一项政治任务列入重要日程,认真学习领会,全面贯彻落实。把党中央“创新、协调、绿色、开放、共享”五大发展理念的新精神、新思路与省社工作紧密结合起来,在职业教育供给侧结构性改革中寻找着力点,在创新发展中实现省社工作新突破。

2. 深入开展调查研究,不断提升建言献策水平

(1)开展职业教育专题调研与课题研究

动员组织省社团体社员院校开展有针对性的调研,提出有价值、有水准的意见和建议。拟考虑在地方普通本科院校转型发展、校企合作立法工作、技工院校

发展以及民办高职院校发展等方面开展专题调研。继续组织陕西省职业教育课题研究工作，扩大课题研究参与面，提高课题研究质量，真正为助推陕西省职业教育改革发展提供高水平研究成果。

（2）编纂职业教育蓝皮书

发挥省社专家委员会的作用，继续组织力量撰写、编辑并出版《2016陕西职业教育年度报告》（以下简称《报告》），丰富《报告》内容，提高《报告》质量和水平，逐步形成具有蓝皮书性质的地方职业教育发展综合性年度报告。积极推动职业教育第三方评估工作，承担政府购买服务。开展黄炎培职业教育思想研究。

3. 培育服务品牌，助推职业院校对外开放与交流

（1）发挥自身优势，培育建立省社教育培训新品牌

依托团体社员院校，2016年拟举办职业教育相关领域高级研修培训班。应对需求，选准专题；聘好专家，高端引领；长期坚持，形成品牌。

（2）推进职业教育国际合作，启动陕台职业教育界互访交流

在中华职业教育社及陕西省有关部门的指导支持下，争取组团赴德国考察职业教育，推介陕西优质职教品牌项目，洽谈合作意向。组织开展陕台职业教育界交流互访活动，举办“陕台职业教育论坛”，推动陕台职业教育务实合作。

4. 推动职业教育扶贫攻坚，提高温暖工程公益项目质量

（1）扎实实施总社重点项目

通过加大宣传、完善工作机制，扎实推动教育移民项目实施工作，切实做到满足需求、确保数量、提高质量、务求实效。继续关注支持陕西省三个回族镇的教育事业发展，协调安排相关捐赠项目活动。

（2）推动实施职业教育扶贫项目

充分利用和发挥国家和省上“十三五”期间在若干领域的政策和项目作用，依托省社团体社员院校或社员企业，与有关部门或机构协调合作，省社调研推动“养老服务培训”和“农村电商培训”项目。采取“以点带面、点面结合、省社搭台、机构支持、院校实施”的模式，协调组织、动员引导有关社会力量捐赠、参与支持项目活动。

5. 加强组织建设，提高省社工作水平和社会影响力

大力发展省社团体社员和个人社员，不断壮大社员队伍。通过多种方式，组织动员有关院校、企业特别是优秀人士入社，2016年新增社员总数要有较大突破。不断优化社员结构，努力扩大省社的联系面和影响力。充分发挥各位社委

的智慧和力量。同时，切实加强社机关建设。坚持“服务至上”，不断增强服务意识，做到内升素质、外塑形象。加强和完善制度建设，提高社机关高效、规范服务的能力和水平，真正把省社建成“社员之家”。

此外，省社将积极配合总社做好建社100周年纪念活动筹备工作和第五届黄炎培职业教育奖的评选、表彰、推荐工作；加强省社网站建设，加快充实并完善网站板块及内容，提升网站运行质量和影响力；编发“陕西社讯”，报道省社活动，反映院校动态。

2016年是“十三五”规划开局之年，省社面临新形势、新任务、新要求，也赋予我们新的机遇。我们将在省委、省政府的坚强领导下，在省委统战部的精心指导下，团结奋斗、创新有为、务实肯干，为助推陕西省职业教育发展、建设“三个陕西”作出新的贡献！

（执笔：李明富）

四、陕西省中华职业教育社大事记

（一）2014年大事记

6月18日，陕西省中华职业教育社第四次代表大会在西安召开。第十一届全国政协副主席、中华职业教育社第十届理事长张榕明出席开幕大会，省委常委、省委统战部部长陈强，中华职业教育社总干事陈广庆分别讲话。省人大常委会副主任朱静芝，省政协副主席李冬玉，省级各民主党派、工商联，省教育厅、人社厅相关负责人到会祝贺。大会选举产生了省社第四届社务委员会及领导机构，李冬玉当选主任，张亚平、花智勇、姜亚军、胡建波、崔岩、伊逊智当选副主任，李明富当选秘书长。

8月14日，省委统战部政策研究室调研员张平同志调任陕西省中华职业教育社副秘书长。省委统战部副巡视员侯社教一行赴省社宣布省委统战部的任命决定，省社秘书长李明富、统战部一处处长夏立明、四处处长王彦平参加宣布会，侯社教讲话。

8月19日，省教育厅副厅长王海波代表省教育厅前往省社欢送李明富同志履任新职，并与省社主任李冬玉、省委统战部副巡视员侯社教、省社秘书长李明富、副秘书长张平交流座谈。

8月19日，省社主任李冬玉主持召开专题会议，研究省社原聘用人员刘步

学等人拖欠工资等遗留问题。省委统战部副巡视员侯社教，省社秘书长李明富、副秘书长张平参加会议。

8月21日—22日，由中华职业教育社、辽宁省中华职业教育社支持指导，大连市人民对外友好协会、美国社区学院学士学位协会联合主办的“2014中美职业教育论坛”在大连举行。省社秘书长李明富带领有关团体社员院校（单位）代表共40余人参加论坛活动。

9月4日，省社召开四届一次主任会议。会议由省社主任李冬玉主持，副主任张亚平、花智勇、姜亚军、胡建波、崔岩、伊逊智，秘书长李明富，副秘书长张平参加会议。会议研究审议了《陕西省中华职业教育社发展规划（2014—2018年）》（征求意见稿），省社社员代表大会、社务委员会等四项会议制度及2014年下半年工作要点。会议还就社领导班子分工进行部署，落实相关职责。

9月24日，省社秘书长李明富带领省社有关职业院校专家一行5人赴西安欧亚学院开展调研，就地方普通本科高校向应用技术型大学转型发展进行座谈交流，并在西安欧亚学院副院长张宏民等陪同下，先后考察参观了该院物流学院淘宝网阿里巴巴小邮局、天猫大学生实训基地、信息与电讯工程学院大唐移动通信实践基地、图书馆、文化传媒学院学生实验室，以及艺术设计学院摄影工作室、音频工作室和展厅等。

9月28日，省委统战部机关党委副书记魏华荣一行3人来省社调研指导党建工作，省社秘书长李明富简要汇报了换届以来的有关工作。魏华荣就加强省社党组织建设提出了指导意见和要求。

10月9日，省社主任李冬玉主持召开陕西职业教育改革与发展专题调研启动协调会。由省社副主任及团体社员单位负责人组成的调研组成员30余人参加会议，审议《全省职业教育改革与发展调研工作方案》（征求意见稿）。

10月14日，省社主任李冬玉带领陕西职业教育改革与发展专题调研组一行12人，赴陕西工业职业技术学院进行高等职业教育发展调研。

10月25日，“2014年陕西省‘黄炎培杯’圆通制大学生工作能力竞赛”在西安财经学院隆重举行。本次竞赛活动由陕西省教育厅、陕西省财政厅、陕西总会计师（财务总监）协会指导，陕西省中华职业教育社主办，中国工作标准研究院提供技术支持，西安财经学院承办。中华职业教育社副总干事韩晓光出席竞赛活动并讲话，省委统战部副巡视员侯社教，省教育厅、省财政厅、省人力资源和社会保障厅、省总会计师（财务总监）协会等有关部门负责同志出席竞赛活动开幕式并观摩了团体表演赛。竞赛开幕式上，西安财经学院党委副书记贾崇吉致欢迎词，省社秘书长李明富致开幕词。

11 月 24 日，省社举办的“高校文法财管类专业工作技能师资培训班”在西安财经学院开班。省社秘书长李明富出席开班典礼并讲话。

12 月 2 日，省社主任李冬玉、秘书长李明富一行赴富平调研，考察温暖工程“柿树种植及柿子深加工技术培训示范基地建设”项目开展情况。渭南市政协、渭南市委统战部、渭南市教育局以及富平县有关负责人陪同调研。

12 月 4 日—5 日，由省社秘书长李明富带队，组织 20 余所职业院校代表共计 40 余人赴浙江宁波参加 2014 年全国中等职业学校联合招生合作办学协作会年会。

12 月 6 日—8 日，省社秘书长李明富带领机关同志和省内职业院校代表 10 余人赴杭州市、上海市中华职业教育社考察交流。

12 月 18 日—19 日，省社副主任姜亚军、秘书长李明富和部分职业院校负责人赴安徽合肥参加由中华职业教育社主办、安徽省中华职业教育社承办的 2014 年职业教育与城市发展高层对话会和黄炎培职业教育思想研究会 2014 年会。第十一届全国政协副主席、中华职业教育社第十届理事长张榕明出席会议并讲话。

12 月 30 日，中华职业教育社第十一次全国代表大会在北京举行。中共中央政治局委员、国务院副总理刘延东到会祝贺并讲话。全国人大常委会副委员长、民建中央主席陈昌智当选为中华职业教育社新一届理事长，全国政协副主席、民建中央常务副主席马培华等 10 人当选为副理事长。省社主任李冬玉当选为常务理事，省社副主任姜亚军当选为理事。省社秘书长李明富参加会议。

(二)2015 年大事记

1 月 17 日，省社主任李冬玉在《陕西日报》发表《发展现代职业教育 服务“三个陕西”建设大局》署名文章，全面深入地剖析并阐述了新世纪以来陕西省职业教育改革发展取得的成果、影响和制约陕西省职业教育改革与发展的主要问题，并就如何进一步推动陕西省职业教育改革发展提出思路及政策建议。

1 月 21 日，省社主任李冬玉主持召开第四届社务委员会第二次主任会议，副主任张亚平、姜亚军、胡建波、崔岩、伊逊智及秘书长李明富参加会议。会议讨论并审议了李明富所作《关于 2014 年省中华职业教育社工作报告》(征求意见稿)、《陕西省中华职业教育社发展规划(2014—2018 年)》(征求意见稿)；通过

《关于召开陕西省中华职业教育社第四届社务委员会第二次全体会议的决定》。

1月22日，省社主任李冬玉主持召开省社第四届社务委员会第二次全体会议，省委统战部常务副部长孙晓杰出席会议并讲话。会议审议通过省社2014年度工作报告和《陕西省中华职业教育社发展规划(2014—2018年)》(草案)；通报了2014年下半年以来省社组织的陕西省职业教育发展调研课题报告(初稿)。

3月8日，台北市教育会理事长、开平青年发展基金会董事长夏惠汶博士率台北市教育会代表团一行16人莅临省社团体社员院校陕西工业职业技术学院访问交流，台湾客人一行参观了学院陈列馆、实训中心、图书馆等。民建中央办公厅联络部负责人金德安，省社副主任、民建陕西省委副主委张亚平，省社秘书长李明富等陪同参观座谈。

3月12日，省社秘书长李明富在《各界导报》发表《加强顶层设计 推进我省现代职业教育发展》署名文章，从进一步优化高等职业教育结构、加强职业教育和普通教育相互沟通及中高职衔接等方面，阐述强化顶层设计的重要性，并就助推校企合作法规建设提出思路建议。

3月19日，省政府召开全省职业教育工作电视电话会议，贯彻落实全国职业教育工作会议精神，安排部署全省职业教育改革发展工作。省政府副省长庄长兴出席会议并讲话，省社主任李冬玉出席会议并发表题为《充分发挥群众团体优势 助推现代职业教育发展》的讲话。省发改委、教育厅、财政厅、人社厅负责人作大会发言。

4月17日，由省社秘书长李明富带队一行6人赴北京参加中华职业教育社“第七届台湾大学生研习营”承办机构应征评标会。通过活动方案展示和答辩，经综合评定，省社在应征的7个省级社中脱颖而出，荣获“第七届台湾大学生研习营”承办资格。

4月28日上午，省社在陕西工业职业技术学院召开“第七届台湾大学生研习营”——陕西行活动筹备工作动员会。省社主任李冬玉出席动员大会并讲话。陕西工业职业技术学院党委书记邓志辉、院长崔岩出席动员会。该院副书记王天哲汇报“第七届台湾大学生研习营”活动——陕西行活动方案。省社秘书长李明富对筹备工作进行了安排。

5月10日，省社在陕西省电子工业学校(宝鸡市)举办首届“职业教育活动周”。省社主任李冬玉出席活动周开幕式并讲话。省社有关团体职业院校积极响应，围绕“支撑中国制造、成就出彩人生”的主题，开展了技能竞赛、教学论坛、主题班会、文体表演等系列活动。期间，李冬玉在省社副秘书长张平、陕西省电子工业学校校长伊逊智的陪同下参观学校办学设施，并就该校改制创建电子职业技术学院（高职）工作进行调研。

5月18日，省社主任李冬玉主持召开四届三次主任会议，研究《2015陕西职业教育发展报告》的编纂、2015年度职业教育研究课题选题、“第七届台湾大学生研习营”等活动筹备情况，以及筹备成立陕西黄炎培职业教育思想研究会等事宜。

5月22日，由中国老教授协会、中国高等教育学会、中华职业教育社、北京市教育学会主办，北京竞业达数码科技有限公司承办的“互联网＋”教育高峰论坛在京举行。省社秘书长李明富带领陕西职业院校负责人50余人参会。

6月23—25日，由第十一届全国人大常委、民盟中央原副主席、中华职业教育社原副理事长李重庵任调研组组长，一行8人来陕西省围绕“引导一批普通本科高校向应用技术类型高等学校转型”进行专题调研。总社副总干事杨农，总社常务理事、首都经济贸易大学党委副书记孙善学等有关专家参加调研。调研组一行先后考察了陕西省转型试点高校商洛学院、西安文理学院和西安欧亚学院，并分别召开座谈会，了解转型进展情况。6月25日下午，省政协副主席、省社主任李冬玉在西安主持召开由省教育厅、省人社厅、省农业厅、省教育科学研究所、相关企业和6所地方普通本科院校负责人参加的专题座谈会。调研组一行听取了与会人员的发言。

7月13日—21日，省社在陕西社会主义学院举办首届全省统战系统职业教育专题培训班。全省各市、县（区）统战系统、职业院校及相关单位负责人共计44人参加专题培训。省社主任李冬玉出席开班式并作动员讲话。省社秘书长李明富、副秘书长张平、陕西社会主义学院副院长辛建民、省委统战部干部处处长王彦平等出席开班式。培训内容围绕统战理论政策及实务、职业教育新理念等专题展开。

8月3日—11日，由中华职业教育社主办、省社承办、陕西工业职业技术学院协办的为期9天的“第七届台湾大学生研习营”在陕西成功举行，共组织各类活动25场次，参与的台湾学子和陕西省大学生志愿者共100余人。开营仪式上，全国政协常委、民革中央副主席、中华职业教育社副理事长傅惠民，省委常委、省委统战部部长陈强分别致辞，省政协副主席、省社主任李冬玉向研习营赠送纪念品，开营仪式由中华职业教育社副总干事杨农主持；闭营仪式上，全国人

大常委、民进中央副主席、中华职业教育社专家委员会主任王佐书，省政府副省长庄长兴分别致辞，省社主任李冬玉宣布闭营，闭营仪式由省社秘书长李明富主持。省委统战部、高教工委、省台办、省教育厅等相关部门领导出席开营及闭营仪式。

8月21日，省社组成课题立项评审专家组，对2014年度申报的研究课题进行立项评审。评审专家组组长、西安航空职业技术学院副院长李永刚主持评审会。经评审，确定陕西工业职业技术学院王津主持的“现代学徒制与职业教育人才培养模式改革研究”等13项课题予以立项。

9月22日，省社主任李冬玉主持召开四届四次主任会议。省社秘书长李明富传达了省委党的群团工作会议及统战工作会议精神；省社副秘书长张平同志通报了“第七届台湾大学生研习营”活动、首届省级统战系统职业教育工作培训班和省社上报“温暖工程”20周年推荐名单情况；西安航空职业技术学院副院长、省社课题评审专家组组长李永刚同志汇报2015年度研究课题立项评审的情况。会议还就上半年工作进行了总结。

10月13日，省社秘书长李明富主持召开2014年度职业教育研究课题结题评审会。陕西国防工业职业技术学院副院长贾宝勤等5位职业教育专家参加评审。经评审，陕西工业职业技术学院承担的“具有陕西特色现代职业教育体系建设研究”等4个课题达到结题要求，予以结题。

10月16日，省社2015年度职业教育研究课题开题专家咨询会在西安欧亚学院召开，会议由省社副主任胡建波主持。省社秘书长李明富通报了课题申报、立项评审的有关情况。各课题组负责人汇报开题方案并听取专家点评。专家组成员有刘正安教授、赵居礼教授和杨雪峰副研究员。会上，省社领导向各课题组颁发了课题立项证书。

11月24日，省社秘书长李明富应邀赴四川德阳参加中华职业教育社组织的职业教育专家组考察调研，并在“2015职业教育与城市发展高层对话会”上发表咨询意见。

12月3日—4日，省社秘书长李明富带领省内职业院校代表40余人赴福建省福州市参加2015年全国中等职业学校联合招生合作办学协作会年会。

12月15日，中华职业教育社温暖工程实施20周年总结表彰大会在北京召开。省政协副主席、省社主任李冬玉，省委统战部副部长侯社教，省社秘书长李明富出席会议，省内部分团体社员院校代表参会。西安外事学院、丹凤县职业教育中心、陕西北方工程技术学校荣获温暖工程优秀组织管理奖，陕西北方工程技术学校王维荣获温暖工程优秀项目责任人奖。

12 月 26 日，中华职业教育社总干事王金宝、副总干事杨农，甘肃社专职副主任蒲晓贞，宁夏社秘书长俞冰，青海社秘书长李辉福等一行 8 人到访省社调研视察，并就建立西北职业教育联盟事宜进行了座谈。省社秘书长李明富汇报了 2015 年省社的工作情况。中华职业教育社研究部部长刘志芳、社会服务部部长王朝霞、副调研员袁洪艳，省社副秘书长张平等参加座谈。

12 月 27—28 日，由中华职业教育社主办、省社与西安欧亚学院承办的黄炎培职业教育思想研究会 2015 学术年会在西安欧亚学院举办。来自全国 29 个省(市、区)职业教育社的领导和职业院校代表共计 150 余人参会。省社主任李冬玉出席会议并讲话，中华职业教育社总干事、黄炎培职业教育思想研究会副会长王金宝出席年会并宣读全国人大常委会副委员长、中华职业教育社理事长、黄炎培职业教育思想研究会会长陈昌智致年会的贺信，省委统战部副部长侯社教出席会议并向台湾客人赠送纪念品，省政府学位委员会秘书长袁宁出席会议并致辞。中华职业教育社副总干事、黄炎培职业教育思想研究会秘书长杨农，省社秘书长李明富分别主持会议。年会突出体现了黄炎培职业教育办学思想中“以例示人”的做法，以“治理、质量、特色——分享西安欧亚的经验”为主题。会议邀请了省内外及台湾专家作专题报告。

12 月 28 日，台湾中华劳工共同品质产物提升暨就业辅导促进会(简称台湾中华劳促会)理事长段喜贤、创会副会长胡国强等一行 4 人到访省社，省社秘书长李明富与台湾客人就启动双方人员交流互访、搭建论坛对话平台达成初步共识。陕西省爱心温暖助学协会会长王海荣参加交流座谈。

12 月 30 日—31 日，省社秘书长李明富、副秘书长张平，陕西奥达集团有限公司党委副书记王理文，陕西省爱心温暖助学协会会长王海荣等一行赶赴安康市宁陕县江口镇、商洛市镇安县西口镇和茅坪镇，向当地中小学捐赠教学设备、体育器材、学生学习用具等教学用品，价值总计 10 万元。安康市委统战部、市教育局，宁陕县委统战部、县教育局，镇安县委统战部、县教育局等有关负责人参加捐赠活动。

(执笔：姜守新、柳芬芬)

后　记

本报告是由陕西省中华职业教育社策划并牵头组织编纂，陕西省教育科学研究所参与撰写，西安欧亚学院参与编辑完成的第一本陕西职业教育事业发展年度报告。此项工作始于 2015 年 3 月，历时近两年。陕西省政协副主席、省中华职业教育社主任李冬玉非常重视年度报告的编纂工作，亲自担任主编，撰写序言，多次主持省社主任会议及专题会议，研究编纂年度报告的指导思想、内容、体例及架构等，并提出了明确要求。省社副主任、西安欧亚学院校长胡建波教授对年度报告的框架和内容提出重要意见。陕西省教育科学研究所杨雪峰、惠均芳负责撰写主报告，该所相关研究人员参与了报告框架的讨论；西安欧亚学院赵健对各专题调研报告进行了汇总整理；省中华职业教育社姜守新、柳芬芬负责撰写省社 2014、2015 年工作大事记，并承担了本书的文字整理和校核工作。省中华职业教育社秘书长李明富负责对全书进行统稿。省社副主任、西安外国语大学副校长姜亚军教授，省社副主任、陕西工业职业技术学院党委书记崔岩教授，省社副主任、陕西机电职业技术学院院长伊逊智副教授，陕西科技大学职业教育师范学院院长刘正安教授，西安航空职业技术学院院长赵居礼教授，陕西省教育科学研究所副所长杨雪峰研究员等参与了年度报告的专题讨论。

本书在编写过程中，得到了省级有关部门和相关职业院校的积极支持，并提供了相关数据和资料。省中华职业教育社组织相关专题会议或书面征求有关市、县教育部门，职业院校以及有关科研机构的意见，他们均给予了积极的帮助，在此表示诚挚的谢意。

西安交通大学出版社对本书的出版给予了大力支持，在此谨致谢忱。

李明富

2017 年 2 月 28 日